Christian Kämpfer

**Untergang der Roten Armee Fraktion**

Zerfall und Auflösung der RAF (1992-1998)

Kämpfer, Christian

**Untergang der Roten Armee Fraktion**
*Zerfall und Auflösung der RAF (1992-1998)*

ISBN: 978-3-86741-685-6
Auflage: 1
Erscheinungsjahr: 2012
Erscheinungsort: Bremen, Deutschland

© Europäischer Hochschulverlag GmbH & Co KG, Fahrenheitstr. 1, 28359 Bremen

www.eh-verlag.de

Christian Kämpfer

**Untergang der Roten Armee Fraktion**

# Inhalt

Vorwort .................................................................................................. 1
Abkürzungsverzeichnis ........................................................................ 3
1. Einleitung ........................................................................................ 8
   1.1 Linksterrorismus in Deutschland ............................................... 8
   1.2 Weltgeschichte – Das Ende des Kalten Kriegs ......................... 11
   1.3 Die Linke nach der Wende ....................................................... 14
2. Die RAF nach 1989 ....................................................................... 20
3. Der Zerfall – Die Lager ................................................................. 26
   3.1 Die Hardliner ............................................................................ 28
   3.2 Die Reformer ............................................................................ 49
   3.3 Die RAF .................................................................................... 70
   3.4 Gesellschaftpolitische Positionen ............................................. 91
4. Die RAF in den Jahren 1994 bis 1998 .......................................... 93
   4.1 Erklärungen und Leserbriefe 1996 ........................................... 93
   4.2 Die Auflösungserklärung 1998 ................................................. 97
5. Schlussbemerkung ....................................................................... 104
Literatur ............................................................................................. 107

# Vorwort

Der Buchmarkt ist hart umkämpft. Themen wie Terrorismus laufen gut. Sex, Crime and Politics interessieren die Leserinnen und Leser. Es ist aber nicht selbstverständlich, dass der deutsche Linksterrorismus auch heute noch nachgefragt wird. Abgesehen von wenigen autonomen Gruppierungen und linksradikalen Splittergruppen hat sich das Phänomen des Linksextremismus in Deutschland erledigt und gehört bis auf weiteres der Geschichte an.

Was macht nach wie vor die Faszination an diesem Thema aus? Warum beschäftigen sich auch junge Menschen, deren Jugend und Leben nicht von den Taten der Roten Armee Fraktion (RAF) überschattet wurden, mit der Geschichte des linksextremistischen Terrorismus in Deutschland? Wäre es nicht angebrachter, sich mit tagesaktuellen Phänomenen wie dem islamistischen Terrorismus zu beschäftigen? Fragen auf diese Antworten sind nicht leicht zu finden.

Die RAF besitzt bis heute einen starken gesellschaftlich-popkulturellen Einfluss. Gesetze, die jeden von uns täglich betreffen, wurden zudem als Reaktion des Staates auf die RAF und ihren unerbittlich geführten Kampf gegen die freiheitlich-demokratische Gesellschaft verabschiedet. Die RAF wird in Filmen, Fernseh- und Hörsendungen, Seminaren, Büchern und Zeitungsartikeln immer wieder thematisiert. „Jubiläen" wie der „Deutsche Herbst" oder die Gründung der RAF bieten ständig Anlass zu Wortmeldungen. Neue Erkenntnisse kommen dabei aber eher selten an das Tageslicht.

Schließlich steht die Geschichte der RAF für so etwas wie die ewige Menschheitsgeschichte. Die Jungen lehnen sich gegen die Alten auf und Neues – auch wenn es ein Irrweg ist – rebelliert gegen das Bestehende. Solche Geschichten finden sich bereits in der Bibel und sprechen jeden an.

In der RAF-Geschichtsschreibung fehlte bisher beinahe vollständig ein Zeitabschnitt, der in den unzähligen Darstellungen in der Regel sehr knapp oder gar nicht behandelt wird. Die Jahre 1992 bis 1998 bildeten den unrühmlichen Schlussakkord in der Geschichte der RAF. Ein mögliches Argument gegen eine Untersuchung des Untergangs der RAF könnte sein, dass in diesem Abschnitt eben nicht mehr viel passiert sei. Dies stimmt aber nicht mit den Tatsachen überein und widerspricht zudem dem Anspruch seriöser geschichtlicher Analyse. Vorliegendes Buch möchte genau diese Phase untersuchen und verdeutlichen, wie es zum Zerfall und schließlich Untergang der RAF kam. Dabei steht u.a.

die Frage nach der Ideologie und Strategie der RAF im Vordergrund. Insgesamt lässt sich nach dem Studium der RAF-Quellen und der Literatur über die RAF festhalten, dass bei den ersten drei RAF-Generationen von 1970 bis 1992 die RAF-Ideologie und RAF–Strategie wenig ausgeprägt waren (vgl. hierzu weiter unten).

Das Morden und Bomben der RAF wandte sich somit nicht nur gegen die Demokratie und die freiheitlich-demokratische Grundordnung, sondern die abscheulichen Terror-Taten entbehrten sogar einer wie auch immer gearteten ideologisch-strategischen RAF-Rechtfertigung. Sollte sich dieses Merkmal gerade in der Auflösungsphase und einer Zeit des weltgeschichtlichen Umbruchs geändert haben?

Es bleibt zu hoffen, dass mit diesem Buch eine Lücke geschlossen werden kann, welche nach wie vor in Sachen RAF besteht.

Amsterdam, im April 2012
Christian Kämpfer

## Abkürzungsverzeichnis

**AD** – Action Directe
**AIZ** – Antiimperialistische Zelle
**APO** – Außerparlamentarische Opposition

**BR** – Brigate Rosse
**BR-PCC** – Brigate Rosse Partito Comunista Combattante: Ableger der italienischen Brigate Rosse, der zusammen mit der RAF und den belgischen Cellules Communistes Combattantes die westeuropäische Front aufbauen wollte
**BKA** – Bundeskriminalamt
**BAW** – Bundesanwaltschaft
**BRD** – Bundesrepublik Deutschland

**CCC** – Cellules Communistes Combattantes

**DDR** – Deutsche Demokratische Republik
**DNVP** – Deutsche Nationale Volkspartei

**EG** – Europäische Gemeinschaft
**EU** – Europäische Union

**FDP** – Frei Demokratische Partei

**G7** – Gruppe der sieben führenden Industrienationen
**GRAPO** – Grupo de Resistencia Antifacista Primero de Octubre
**GG** - Grundgesetz
**GSG 9** – Grenzschutzgruppe 9 des Bundesgrenzschutzes für den Anti-Terrorkampf

**ID** – Identity Card

**JVA** - Justizvollzugsanstalt

**K-Gruppen** – Maoistische orientierte Kaderparteien
**KGT** – Koordinierungsgruppe Terrorismus
**KPD** – Kommunistische Partei Deutschlands

**MfS** – Ministerium für Staatssicherheit
**MIK** – Militärisch-Industrieller-Komplex
**MLPD** – Marxistisch-Leninistische Partei Deutschlands

**NS** - Nationalsozialismus

**PDS** – Partei des Demokratischen Sozialismus
**PKK** – Arbeiterpartei Kurdistans (v.a. in der Türkei)

**NATO** – North Atlantic Treaty Organization

**RAF** – Rote Armee Fraktion
**RZ** – Rote Zellen

**SDI** – Strategic Defense Initiative (ein von US-Präsident Ronald Reagan angekündigtes weltraumgestütztes Raketenabwehrsystem aus den 1980er Jahren)
**SPD** – Sozialdemokratische Partei Deutschlands
**SPK** – Sozialistisches Patientenkollektiv
**Stasi** – Inlands- und Auslandsgeheimdienst der DDR
**StPO** - Strafprozessordnung
**SWR** – Südwestrundfunk

**UDSSR** – Union der Sozialistischen Sowjetrepubliken
**USA** – Vereinigte Staaten von Amerika

**VS** - Verfassungsschutz

**WTC** – World Trade Center

**ZVW** - Zentralverwaltungswirtschaft

„Die Revolution sagt:
ich war ich bin ich werde sein"

RAF-Auflösungserklärung vom April 1998

# 1. Einleitung

Die Schlachten zwischen der Bundesrepublik Deutschland (BRD) und der Roten Armee Fraktion (RAF) sind geschlagen. Sie gehören der Geschichte an. Das Kapitel des linksradikalen Terrorismus ist dennoch für die deutsche Nachkriegsgeschichte von zentraler Bedeutung, denn dieser rief nachhaltige gesellschaftliche und politische Erschütterungen bis zum heutigen Tage hervor.

## 1.1 Linksterrorismus in Deutschland

Radikale Linke fordern immer wieder eine geschichtliche Aufarbeitung der RAF.[1] Das Ziel lautet, aus den Erfahrungen der Vergangenheit für die Kämpfe der Zukunft zu lernen.

Aber auch Historiker aus anderen als linksradikalen Zusammenhängen beginnen mit der genauen Untersuchung eines der stürmischsten Kapitel der deutschen Nachkriegsgeschichte.

Die Linken werfen dann wertkonservativen Geschichtsschreibern vor, Erfüllungsgehilfen des Staatsschutzes zu sein. Das Ziel bestünde alleine darin, die RAF und ihren Kampf aus der Geschichte zu löschen. Damit solle im Bewusstsein der Bevölkerung jede Erinnerung an revolutionäre Bewegungen vernichtet werden. Neue revolutionäre Bewegungen würden so erst gar nicht mehr aufkommen.

Diese Unterstellungen gehen mit dem Vorwurf einher, dass die geschichtliche Untersuchung der RAF durch staatstreue, demokratische und die freiheitlich-demokratische Grundordnung verteidigende Personen im Ergebnis immer mit einer Kriminalisierung und Entpolitisierung der RAF ende.

Hier wird ausdrücklich eine andere Meinung vertreten. Eine ernsthafte Auseinandersetzung mit der Geschichte der RAF hilft vor allem anderen, die Geschichte Nachkriegsdeutschlands besser zu verstehen und zu beurteilen.

Viele Auswirkungen der RAF und ihrer Verbrechen spüren die Bürger unseres Landes bis heute. Was als Gesetz im Kampf gegen den Terrorismus mit guten Absichten verabschiedet wurde, beschneidet heute noch empfindlich die Freiheiten gesetzestreuer Menschen. -

---

[1] Die RAF selber nannte dies in ihrer Auflösungserklärung als eines ihrer wichtigsten Ziele nach der Auflösung. Vgl. dazu Kapitel 4.2.

Beschäftigt man sich mit Terrorismus, so stellt sich die Frage, was das ist. Eine einheitliche Auslegung ist nicht auszumachen, da der Begriff von verschiedenen Gruppen unterschiedlich benutzt wird.

Im Folgenden wird - in Anlehnung an die Formulierung der Konferenz über Terrorismus in Jerusalem im Jahre 1979 - unter Terrorismus verstanden: Terrorismus bekämpft vorsätzlich und systematisch mit Waffengewalt das bestehende politische System, um eigene politische Ziele umsetzen zu können. Diese Definition trifft in besonderem Maße auf die RAF zu.

Zwei Dinge sind bei einer geschichtlichen Untersuchung der RAF von besonderem Interesse:

- Welche Ideologie und Weltanschauung vertrat sie?
- Welche Strategie und Taktik benutzte sie, um diese Ideologie und Weltanschauung umsetzen zu können?

Die Untersuchung der beiden Fragen ist bereits für die Zeit von 1970 bis 1992 mehrfach geleistet worden. Dabei wurden hinsichtlich der drei RAF-Generationen die folgenden Ergebnisse festgestellt:[2]

- Die erste Generation der RAF hatte eine kommunistische Grundausrichtung, welche sich v.a. im Maoismus und anderen Konzepten der Befreiung der dritten Welt wiedererkannte. Allerdings handelte es sich beim Konzept Stadtguerilla nicht um einen starren Parteikader-Kommunismus. Den Mitgliedern der ersten Generation der RAF war ein solches Denken fremd. Die RAF sah sich vielmehr als ein Teil des weltweit stattfindenden Befreiungskampfes gegen den Kapitalismus und Imperialismus.

- Die zweite Generation der RAF verstärkte die bereits während der ersten Generation im Kern vorhandene subjektivistische Wende, welche sich v.a. auf die Subjekt-Theorie der Frankfurter Schule bezog und Autoren wie Herbert Marcuse und Theodor W. Adorno in den Mittelpunkt stellte. Die zweite Generation war im ideologischen und strategischen Bereich wenig erfindungsreich. Alle Aktionen und Überlegungen waren v.a. praktischer Natur. Es ging in erster Linie darum, wie die gefangenen Kader der RAF aus den Hochsicherheitstrakten der bundesdeutschen Gefängnisse befreit werden konnten.

- Die dritte RAF-Generation blieb Theorie feindlich. Begriffe wie Selbstorganisierung und selbstbestimmtes Leben bestimmten die

---

[2] Vgl. zum Folgenden z.B. Stefan Schweizer, Rote Armee Fraktion.

wenigen theoretischen Überlegungen. Die dritte Generation versuchte im Gegensatz zur zweiten Generation ansatzweise eigenständige ideologische und strategische Konzepte zu entwickeln. Dabei baute sie zunächst auf dem Mai-Papier der zweiten Generation (zu Beginn der 80er Jahre verfasst) auf. Der dritten Generation war der Versuch wichtig, ihren Terrorismus auf die Basis einer internationalen Zusammenarbeit zu stellen. Sie arbeitete z.B. mit der französischen Action Directe (AD), einem Ableger der italienischen Brigate Rosse (BR-PCC) und den belgischen Cellules Communistes Combattantes (CCC) zusammen. Durch die Internationalisierung sollte eine wirkungsvolle gemeinsame Terror-Front in West-Europa entstehen.

Zahlreiche Tote, Verletzte, Sachschaden in Millionenhöhe und zahlreiche Gesetze, welche die Bürgerrechte nach wie vor empfindlich einengen, rechtfertigen eine geschichtliche Auseinandersetzung mit der RAF.

Im Mittelpunkt steht dabei die Frage: Wie konnte die RAF ihr Tun vor sich selber und ihren Unterstützern rechtfertigen?

Diese Fragestellung berührt die weltanschauliche und ideologische Ausrichtung der RAF. Hinzu kommt der Gesichtspunkt, welche Strategien und Taktiken sich dann damit verbanden.

Um diesen wesentlichen Fragen in der Auseinandersetzung mit der Geschichte der RAF auf den Grund gehen zu können, müssen die zahlreichen Erklärungen, Bekennerschreiben, Strategiepapiere, Leserbriefe sowie die Auflösungserklärung der RAF genau untersucht werden.

Die genannten Texte sind allerdings Selbstzeugnisse der RAF und bedürfen deshalb einer vorsichtigen Einschätzung und Interpretation. Es darf bereits hier der Verdacht geäußert werden, dass die genannten RAF-Dokumente vornehmlich der Rechtfertigung von Terrortaten und der Verbreitung von Propaganda dienen und nicht die soziale Wirklichkeit beschreiben.

Dennoch stellen Texte – egal welcher zweifelhaften Herkunft sie auch sein mögen - immer ein Interpretament dar, dem man zunächst eine gewisse Sinnhaftigkeit unterstellen muss, da jeder Autor eine kommunikative Absicht mit seinem Werk verfolgt.

## 1.2 Weltgeschichte – Das Ende des Kalten Kriegs

Die RAF gibt es seit ihrer Auflösungserklärung „Warum wir aufhören" vom April 1998 nach eigenem Bekunden nicht mehr. Insofern gehört die RAF unbestritten der Geschichte an. Die Gefahr des Linksterrorismus ist in der Bundesrepublik Deutschland seitdem kaum mehr vorhanden.

Heute besteht das Bedrohungs-Szenario im islamistischen Terrorismus à la Al Qaida. Das kurzzeitige Bestehen der antiimperialistischen Zelle (AIZ) wirkt wie ein seltsames Bindeglied zwischen Linksterrorismus und der globalen islamistischen Bedrohung. Die AIZ versuchte sowohl antiimperialistisches und kommunistisches als auch islamisches Gedankengut miteinander zu verbinden.

Geschichtliche Objektivität ist bei aller Wissenschaftlichkeit kaum zu leisten, denn geschichtliche Sachverhalte können immer aus unterschiedlichen Sichtweisen beurteilt werden.

So hat die RAF in ihrer Geschichte z.B. mehrfach versucht, das Terrorismus-Verhältnis umzudrehen. Sie beschuldigte die USA in Bezug auf den Vietnam-Krieg, Terrorismus gegenüber dem vietnamesischen Volk zu betreiben. Der deutsche Staat erhielt den Terrorismus-Vorwurf in Sachen Umgang mit politischen Gefangenen und Tötungsverdacht gegen Terroristen.

So stellen sich hinsichtlich einer geschichtlichen Auseinandersetzung mit der RAF u.a. folgende Fragen:

- Wie entsteht Geschichte?
- Wer schreibt Geschichte?
- Oder gibt es nur „Geschichten" über eine bestimmte zeitliche Periode?

Geschichte wird von Menschen erzählt und derjenige, der die Geschichte erzählt, wählt die ihm wichtigen Ereignisse der Geschichte aus.

Ein Geschichtsschreiber stellt also erst seine Geschichte her. Wer diese Geschichtsdarstellung dann liest, kann anschließend den Standpunkt des Autors offen legen.

Geschichte ist nichts unumstößlich Wahres oder Objektives, das dürfte durch diese kurzen Ausführungen deutlich geworden sein. Dennoch kann Geschichtsschreibung eine Annäherung an die Geschichte bedeuten.

Was sich in den Jahren nach 1989 weltgeschichtlich vollzog, ist bis heute schwierig nachzuvollziehen. In zahlreichen Staaten fand ein Systemwandel vom Kommunismus hin zur Demokratie und zum System des freien Unternehmertums (vormals: Kapitalismus) statt.

In politischen, gesellschaftlichen und wirtschaftlichen Bereichen erfolgten Umstellungen, welche das bisher Vorhandene vom Kopf auf die Füße stellten. Die Welt war nicht mehr dieselbe.

Sogar zuversichtliche Analytiker westlicher Geheimdienste sahen den Zusammenbruch des Kommunismus in dieser Form und zu diesem Zeitpunkt nicht voraus und waren von den geschichtlichen Ereignissen überrascht.

War der Zusammenbruch des Ostblocks eine Laune der Geschichte oder unausweichliche Notwendigkeit?

Man geht heute von einer doppelten Ursache des Zerfalls des Ostblocks und kommunistischen Staatensystems aus:

- Zum einen waren die politischen Strukturen und Akteure des politischen Systems der kommunistischen Staaten nicht flexibel genug. Notwendige Änderungen und Kurskorrekturen konnten sich gegen den zähen Widerstand einer trägen Masse in Politik und Verwaltung kaum durchsetzen. Gesellschaftspolitische Hardliner bestimmten das politische, wirtschaftliche und gesellschaftliche Tagesgeschehen. Änderungs- und Reformwünsche galten als offener Angriff auf den Kommunismus und wurden bereits im Keim erstickt. Dadurch wurde die für Gesellschaften notwendige Dynamik der Evolution im Ansatz abgewürgt. Gesellschaften müssen sich ständig verändern um den sich wandelnden Anforderungen gerecht zu werden.

- Zum anderen standen die kommunistischen Ostblockstaaten vor dem wirtschaftlichen Ruin. Offensichtlich war die dort herrschende Zentralverwaltungswirtschaft (ZVW) nicht in der Lage effektiv, effizient und Gewinn bringend zu wirtschaften und angemessen die materiellen Bedürfnisse der Menschen zu berücksichtigen.

Die Gründe für die Niederlage des Ostblocks sind mehrschichtig und natürlich zahlreicher als die zwei genannten.

Manche sehen einen weiteren wesentlichen Grund für den Kollaps des kommunistischen Staatensystems in der „Hardliner"-Politik der USA unter Ronald Reagan und ihrer Verbündeten.

Durch das ständige Wettrüsten und Pläne wie den Weltraumkrieg (SDI) war es schließlich gelungen, den Gegner UDSSR wirtschaftlich in die Knie zu zwingen, ohne dass eine offene Schlacht geschlagen werden musste.

Der Kalte Krieg war nie wirklich heiß gewesen – auch wenn zahlreiche Stellvertreterkriege in Korea, Vietnam, Afghanistan und Ereignisse wie die Kuba-Krise diesen Anschein erweckten.

Die kommunistische Planwirtschaft erwies sich als zu träge. Es fehlten z.B. Leistungsanreize für den Einzelnen. Der Mensch scheint v.a. aus eigennützigen Gründen zu verstärkten Arbeitsanstrengungen bereit zu sein. Bildliche und symbolische Belohnungen wie die Auszeichnung Held der Arbeit sind unzureichend.

Mit einem Schlag änderte sich also Ende der 80er und Anfang der 90er Jahre des letzten Jahrtausends die geostrategische Situation. Der Ost-West-Konflikt gehörte auf einmal der Geschichte an. Die Systemalternative der kommunistischen Staaten verschwand fast vollständig von der Landkarte.

Wenige Ausnahmen bestätigten die Regel. China, Kuba und Nordkorea blieben dem Kommunismus und der damit verbundenen Wirtschaftsform Zentralverwaltungswirtschaft treu.

Heute besitzen diese Länder immer noch kommunistische Regimes und Spielarten der Planwirtschaft. China ist auf dem besten Weg zur Supermacht, Kuba besitzt innerhalb des amerikanischen Kontinents das beste Bildungs- und Gesundheitssystem und Nordkorea konnte trotz internationaler Sanktionen und Proteste zur Atommacht aufsteigen.

Sprechen diese Merkmale vielleicht dafür, dass doch nicht alles schlecht war am Kommunismus? Natürlich nicht. Zumindest aber belegen sie, dass kommunistische Staaten auch in der Welt des freien Unternehmertums weiter bestehen können, ohne dabei auf ein Netzwerk von Verbündeten und solidarischen Völkern zurückgreifen zu können.

Nach dem Ende des Ostblocks wurden die One World und das Ende der Geschichte verkündet. Dieser Wunsch eines US-Präsidenten und die wissenschaftlich verkleidete Vermutung eines bekannten Geschichtswissenschaftlers bestätigten sich hingegen nicht.

Neue Konflikte traten zu Tage. Heute kann man mit dem amerikanischen Politikwissenschaftler und ehemaligen CIA-Analysten Samuel Huntington durchaus von einem Kampf der Kulturen sprechen. Der radikale und militante Islamismus ist zu einer ernsthaften und umfassenden Bedrohung der westlichen Welt und ihrer Demokratien geworden. Der Terrorismus von heute ist indes ein völlig anderer.

Der Linksterrorismus in Europa versuchte in den meisten Fällen, hochrangige politische, wirtschaftliche und militärische Vertreter des kapitalistischen Systems zu töten, aber zivile Opfer zu vermeiden. Es ging ihm also v.a. darum, berühmte Personen aus Politik, Wirtschaft und Militär, welche stellvertretend für das kapitalistische System standen, anzugreifen. Ebenso wurden Angriffe auf militärische oder polizeiliche Ziele (wie Polizeistationen oder Militärflughäfen) durchgeführt.

Al Quaida zeigt in einer bis dato nicht gekannten Kompromisslosigkeit, wie Terrorismus noch viel brutaler und rücksichtsloser von statten gehen kann – etwas, was bis dahin undenkbar gewesen war. Bei Al Qaida besteht das Ziel terroristischer Anschläge darin, möglichst viele Zivilisten zu töten und grenzenlosen Schrecken in der Bevölkerung hervorzurufen.

Am 9. September 2001 gelang es Al Qaida durch einen einzigen Anschlag auf das New Yorker World Trade Center (WTC) mehrere Tausend Menschen an einem Tag zu töten. Bereits die Anschläge auf die US-Botschaften in Afrika ein paar Jahre zuvor hatten hunderte von Menschenleben gefordert. Diese Opferdimensionen wurden in den Jahrzehnten des europäischen Linksterrorismus nicht einmal im Ansatz erreicht.

### 1.3 Die Linke nach der Wende

Was bedeutete der Zusammenbruch des Ost-Blocks und Warschauer Pakts für die Linke in Deutschland?

Der politisch legale und Staats bejahende Teil der Linken – d.h. v.a. die SPD und die Gewerkschaften – lehnten den real existierenden Sozialismus und das Bündnis des Warschauer Pakts als politisch inopportun ab. Diese Aussage gilt, obwohl es der sozialdemokratische Bundeskanzler Willy Brandt war, dem die weitgehende Normalisierung der Beziehungen zur Deutschen Demokratischen Republik (DDR) und der Volksrepublik Polen gelang. Brandts symbolischer Kniefall in Warschau leitete eine neue Ära der Beziehungen zwischen West und Ost ein. Brandt sah sich wegen dieser Ost-Annäherung v.a. aus dem nationalkonservativen Lager massiven Anfeindungen ausgesetzt.

Die SPD und die Gewerkschaften begrüßten also dennoch beide den Untergang des Ost-Blocks. Geschichtlich gesehen hat diese antikommunistische Haltung der SPD ihren Ursprung im Bad Godesberger Parteitag im 19. Jahrhundert. Hier hatte die SPD eine Abkehr vom Marxismus beschlossen und sich fortan Anti-Kommunismus auf die Fahnen geschrieben.

Die Gewerkschaften in Deutschland können in der Summe als an den Arbeitnehmern ausgerichtet, sozialistisch orientiert und links beschrieben werden. Dennoch sind sie zugleich regierungsnah und wirtschaftsfreundlich. Den deutschen Nachkriegsgewerkschaften wohnt keine revolutionäre Sprengkraft inne. Es geht nicht um die Umwälzung bestehender Wirtschaftsordnungen und die Umverteilung von Produktionsmitteln.

Kommunistische Parteien wie die Deutsche Kommunistische Partei (DKP) und die Marxistisch-Leninistische Partei Deutschlands (MLPD) wurden teilweise offen von der DDR finanziell unterstützt.

Dasselbe gilt für manche der früher zahlreichen so genannten K-Gruppen. Es versteht sich, dass diese Gruppierungen nicht offiziell Position gegen ihre Finanziers einnehmen konnten und somit den politischen Kurs des Ostblocks und der dort herrschenden kommunistischen Parteien bejahten.

Nach dem Wegfall des Ostblocks waren die K-Gruppen verschwunden und die meisten Mitglieder versuchten, sich so angenehm wie möglich in der kapitalistischen Heimat einzurichten.

Die KPD und MLPD blieben zwar formal als Parteien bestehen, verschwanden aber nach dem Untergang ihrer finanziellen und ideologischen Unterstützer noch mehr in der Bedeutungslosigkeit als zuvor.

Die Außerparlamentarische Opposition (APO) und Sponti-Gruppen besaßen ein zwiespältiges Verhältnis zur UDSSR und zu ihren Satelliten-Staaten. Einerseits war es offensichtlich, dass der Kommunismus der Ostblock-Staaten vieles verkörperte, was von der APO und den Sponti-Gruppen abgelehnt wurde. Gerade Bürokratismus, stumpfsinniges Hierarchie- und Kaderdenken sowie eine starre Parteidisziplin waren in diesen Kreisen Westdeutschlands verpönt. Die APO und Sponti-Gruppen hatten sich aber bereits zum größten Teil vor dem Zusammenbruch der kommunistischen Staaten aufgelöst.

Die Rote Armee Fraktion und ihr Umfeld existierten 1989 hingegen noch. Wie war das Verhältnis der RAF, der gewaltbereiten Autonomen und des linksradikalen Umfelds zur Sowjetunion (UDSSR) und der DDR?

Auch hier gibt es keine eindeutige Antwort. Der real existierende Sozialismus war sicherlich nicht das Ideal einer Herrschafts-, Lebens- und Gesellschaftsform, welches den RAF-Kämpfern vorschwebte, wobei die diesbezügliche Begründung ähnlich wie bei der APO und den Spontis lautet.

Letztlich hatten die Kämpfer der 3. RAF-Generation recht postmaterialistische Lebensvorstellungen, welche die Bedeutung und Bedürfnisse des Einzelnen viel stärker als diejenigen der Gemeinschaft betonten. Ein strenger Kader-Sozialismus mit grauer Alltagstristesse passte da überhaupt nicht in die Vorstellungswelt der RAF-Kommandoebene.

Schwierig ist bei diesen Erörterungen, dass sich die RAF nie wirklich dazu geäußert hat, welche Gesellschafts-, Herrschafts- und Lebensformen ihr denn konkret vorschwebten. Vieles deutete die RAF aber durch das Ausschlussverfahren an, indem sie z.B. behauptete, dass eine Gesellschaft ohne Leistungsdruck und mit mehr Menschlichkeit ihr Ziel ist.

Wie das menschliche Zusammenleben dann tatsächlich organisiert werden sollte, darüber verlor die RAF der 3. Generation kein Wort. Leere und abstrakte Worthülsen wie „selbstbestimmtes Leben, Leben ohne Herrschaft und Selbstorganisierung" geben wenige Anhaltspunkte für die Form des Zusammenlebens, welches der RAF vorgeschwebt haben könnte.

Die RAF brauchte aber - trotz aller Vorbehalte – die DDR. Insbesondere die zweite RAF-Generation arbeitete mit der Staatssicherheit (Stasi) der DDR zusammen. So ist in diesem Zusammenhang von Ausbildung an Waffen, logistischer und materieller Unterstützung die Rede.[3]

Inge Viett (zuerst Mitglied bei der Westberliner Terror-Bewegung 2. Juni, die sich später mit der RAF verband) spielte bei der Zusammenarbeit des ostdeutschen Geheimdienstes mit der westdeutschen Terrororganisation eine tragende Rolle.[4] Sie war es, die die ersten Kontakte zum Ministerium für Staatssicherheit (MfS) besaß. Andere Mitglie-

---

[3] Vgl. Michael Müller/Andreas Kanonenberg, Die RAF-Stasi-Connection.
[4] Vgl. Inge Viett, Nie war ich furchtloser.

der der Terrorgruppe 2. Juni - wie Till Meyer - verfügten auch über gut ausgeprägte Kontakte zur Staatssicherheit.

Fest steht, dass zahlreiche RAF-Aussteiger mit Hilfe des ostdeutschen Geheimdienstes in der DDR ein sicheres Exil fanden, bis ihre Vergangenheit sie mit der deutschen Wiedervereinigung einholte und sie sich für ihre Terror-Taten vor bundesdeutschen Gerichten verantworten mussten.

Teilweise freundeten sich die ehemaligen RAF-Terroristen mit dem Alltag in der DDR an. Inge Viett wurde zur Vorzeigearbeiterin und setzte sich stark im Kampf für den real-existierenden Sozialismus ein. Dies ging sogar so weit, dass das MfS Viett in ihrem Eifer bremsen musste, um nicht zu viel Aufmerksamkeit zu erregen. Bei den Aussteigern der RAF überwogen jedoch eher Vorbehalte gegen die DDR und von einer nahtlosen Integration konnte keine Rede sein.

Die Basis der Zusammenarbeit zwischen RAF und Staatssicherheit bildete der gemeinsame Klassenfeind im Westen. Vielmehr an Gemeinsamkeiten gab es nicht, weder im ideologischen noch im taktisch-strategischen Bereich.

Die dritte Generation der RAF unterbrach alle Verbindungen zur Stasi. Ihr war vermutlich das Risiko bewusst, welches damit verbunden war, in Abhängigkeit von einem Geheimdienst – egal welcher Herkunft - zu stehen. Somit war die letzte Generation der RAF – zumindest nach bisherigen Erkenntnissen - weder auf die Stasi noch einen anderen Ostblock-Geheimdienst angewiesen.

Bedeutete dies, dass die RAF den Zusammenbruch des Kommunismus problemlos überleben sollte und weitermachen konnte wie bisher?

Es hat heute wie damals den Anschein, als ob die dritte Generation der RAF alles versuchte, genau diesen Eindruck zu erwecken. Die RAF präsentierte sich nach der Wende als frei, selbstständig und fest entschlossen, den bewaffneten Kampf gegen den ihr verhassten Kapitalismus auch ohne die real existierende Systemalternative fortzuführen.

Die Anschläge der RAF gingen nahtlos weiter, Menschen starben und Bomben wurden gezündet. Anzeichen von kritischem Nachdenken oder einer Auseinandersetzung mit den welthistorischen Ereignissen suchte man bei der RAF der Nach-Wende zunächst vergebens. Die althergebrachten RAF-Weltanschauungen wurden weiter via Bekennerschreiben, Strategie- und Diskussionspapieren und später sogar Leserbriefen (!) kund getan.

Bleibt also die berechtigte Frage: Hatten die Wende und die deutsche Wiedervereinigung keinen Einfluss auf die RAF, ihre Weltanschauung und ihr Handeln? Die Antwort auf diese Frage gilt es vorsichtig zu formulieren. Die Geschehnisse um die deutsche Wiedervereinigung hatten – wie gesagt - zunächst einmal keinen direkten Einfluss auf die RAF. Die Folgen der welthistorischen Umbrüche zeitigten erst mittel- und langfristig Auswirkungen auf das Bestehen der RAF. Sicherlich führte also der Zusammenbruch des real existierenden Sozialismus schließlich dazu, dass die RAF sich auflöste.

Die gesamte bundesdeutsche Linke zeigte sich nach 1989 in einem Zustand der Verwirrung und des Rückzugs. Die RAF versuchte, in dieser Leere eine ideologische und strategische Neuorientierung zu liefern und scheiterte kläglich daran. Die deutsche Linke konnte sich bis auf den heutigen Tag nicht mehr von der Niederlage 1989 erholen.

Die deutsche Linke zerfiel entsprechend schnell nach der Wende. Verschiedene linke Gruppierungen führten untereinander einen erbarmungslosen Kampf bei der Suche nach neuen Wegen und Konzepten. Dabei ging es um Fragen der Macht und der Meinungshoheit.

Zahlreichen führenden Köpfen der Linken wurde damals z.B. in der Szene-Zeitschrift *konkret* vorgeworfen, „heim ins 4. Reich" zu wollen, um sich einen privatisierenden Platz fürs eigene (v.a. materielle) Auskommen zu sichern. Tatsächlich zogen sich viele radikale Linke nach 1989 ins Private zurück und wurden weitgehend unpolitisch. In solch einem Klima des Rückzugs und der Aufgabe ist es schwierig, etwas Neues auf die Beine zu stellen.

Die deutsche Linke befand sich also vor ihrem endgültigen Zusammenbruch und die RAF vermochte es in diesem Chaos nicht, zur starken Führungsmacht emporzusteigen. Diesen Führungsanspruch hatte die RAF ja aber jahrelang innerhalb der Linken für sich reklamiert. Das Selbstverständnis der RAF hatte immer darin bestanden, an der Speerspitze der Linken und der Revolution zu stehen.

Was sich innerhalb der Linken zeigte, setzte sich im Verhältnis zwischen der RAF und Teilen der politischen Gefangenen (also nach RAF-Verständnis: ehemaligen RAF-Kämpfern in Haft) fort. Was die RAF und die Gefangenen bis dahin ausgezeichnet hatte, war ihre Einheit und Geschlossenheit gewesen.

Nur wenige Gefangene waren bereit gewesen, mit dem Staat zusammen zu arbeiten und gegen ehemalige Kampfgenossen auszusagen.

Nach außen vermittelten die RAF und die politischen Gefangenen bis dahin den Eindruck einer durch nichts zu zerstörenden Einheitsfront.

Diese Einheit verschwand nach der Wende, wenn auch nicht sofort. Beschleunigt wurde dieser Prozess durch die Verhaftungen der RAF-Aussteiger in der DDR. Diese DDR-Aussteiger waren meistens zu umfangreichen Aussagen und einer uneingeschränkten Zusammenarbeit mit der Bundesanwaltschaft (BAW) bereit.

Hinzu kam die Einführung der Kronzeugenregel, die Strafreduzierung bei Aussagebereitschaft in Aussicht stellte. Manche der politischen Gefangenen, wie Peter-Jürgen Boock, fanden sogar Gefallen an der medialen und gesellschaftlichen Aufmerksamkeit, welche mit einer belastenden Aussage gegen ehemalige Mitstreiter verbunden war.

Bis heute meldet sich Boock immer wieder medienwirksam zu Wort – meistens mit gelinde gesagt windigen Aussagen. Selbst sonst eher unkritische Journalisten weisen auf die Fragwürdigkeit seiner Aussagen hin.

Eine ehemalige Bettgenossin – seine Ex-Frau Waltraud Boock - sagte über ihn sinngemäß: Der Typ hat ein taktisches Verhältnis zur Wahrheit. Die Wahrhaftigkeit dieses Urteils durften auch die bundesdeutschen Strafverfolgungsbehörden erfahren, die feststellen mussten, dass die meisten belastenden, skandalträchtigen Aussagen Boocks weder ermittlungs- noch gerichtsverwertbar waren und weitestgehend dem Reich der Phantasie angehörten.

Nach 1991 entstand im engeren RAF-Zusammenhang ein fundamentaler Richtungsstreit, wie die RAF und die politischen Gefangenen sich in Zukunft politisch betätigen sollten. Letztlich war es dieser verbitterte Streit innerhalb der RAF und ihres engsten Umfelds, welcher der RAF das Genick brach, zum Zerfall und schließlich zur Auflösung und zum Untergang führte.

Der Untergang der RAF wurde also nicht direkt durch den politischen Wandel im Ostblock oder durch einen militärischen Sieg der Geheimdienste, Polizei und Politik herbeigeführt. Die RAF verschwand schließlich so wie sie auch entstanden war: ganz von selbst.

## 2. Die RAF nach 1989

Die dritte Generation der RAF schien sich der geschichtlichen und geopolitischen Brisanz zu Beginn der 1980er Jahre bewusst zu sein. Folglich versuchte sie ihr ganzes Gewicht in den Kampf gegen den Imperialismus zu werfen, damit dieser den Kalten Krieg nicht gewinnt. Die Geschichte hat gezeigt, dass diese Anstrengungen umsonst waren.

Wie verhielt sich die RAF dann nach dem Fall der Mauer? Gab sie folglich den Kampf verloren?

Im Folgenden werden - in aller gebotenen Kürze - die in Bekennerschreiben dargelegten Positionen der RAF dargelegt.

Zwar finden sich in den Erklärungen und Bekennerschreiben immer wieder Ansatzpunkte dafür, dass der RAF klar ist, dass eine Neuorientierung ihrer bewaffneten Politik notwendig ist. Dies verbindet sich zugleich mit ihrem Eingeständnis, dass die bisherigen Konzepte versagt haben.

Ein neues, schlüssiges Gesamtkonzept kann die RAF nicht präsentieren. Vielmehr erweckt sie den Eindruck, ohne Orientierung da zu stehen.

Zwischen der Beendigung des Kalten Krieges und dem Versuch der RAF-Neuorientierung ist eine Tendenz zur sprachlichen Abschottung festzustellen. Abstrakte, inhaltsleere und schwer widerlegbare Ausführungen kennzeichnen die RAF-Schriften. Auf dieser Grundlage ist es kaum möglich, in eine inhaltliche Auseinandersetzung einzutreten.

Die RAF der Nach-Wende betrieb zunächst eine Politik der Abspaltung, der es nicht möglich war, Anziehungskraft für große Teile der Linken auszustrahlen. Somit hat die RAF, wenn man sie an den eigenen Zielen misst, auf der ganzen Linie versagt. Die Selbstauflösung und der damit verbundene Untergang bildeten somit einen logischen Schlusspunkt.

Die RAF behauptet in der Nachwende-Zeit, dass der Faschismus in Deutschland neue Blüten treibe. Zudem steuere das wiedervereinigte Deutschland aus ihrer Sicht auf ein viertes Reich zu, welches im Geiste der Nationalsozialisten stehe und eine Bedrohung für die Welt bedeute.

Dieses vierte Reich impliziere, so die RAF weiter, dass Deutschland neben ökonomischen und politischen auch militärische Mittel einzusetzen strebe, um die Völker und Menschen auf der ganzen Welt den kapitalistischen Verwertungsbedingungen und Anforderungen zu unterwerfen. Ähnlich klangen zum selben Zeitpunkt Unterstellungen in der linken Zeitschrift *konkret* und es wäre von Interesse herauszufinden, wer hier wen geistig beeinflusst hat.

Die RAF geht jetzt von einer neuen revolutionären Bewegung aus. Diese soll ein Organisationsprozess sein, der möglichst viele gesellschaftliche Gruppierungen und Menschen einbindet. Insofern ist hier bei der RAF die Rede von einer sozialen Gegenmacht von unten.

Dieser Gedanke, große Bevölkerungsteile in den Revolutionsprozess einzubinden, wird die RAF-Strategie der nächsten Jahre bestimmen. Auch in diesem Punkt scheitert die RAF kläglich.

Die RAF gibt zudem mehr Verantwortung in linke Zusammenhänge zur Festlegung der revolutionären Strategie ab. Die Bestimmung des revolutionären Prozesses und die Untersuchung der herrschenden Verhältnisse sollten sich (nach den Vorstellungen der RAF) aus zahlreichen und umfassenden Diskussionen mit vielen gesellschaftlichen Gruppen ergeben.

Mit dem Ende des Kalten Krieges musste die RAF nach neuen Verbündeten suchen. International kann hier nur die kurdische, kommunistische Arbeiterpartei (PKK) erwähnt werden. Die PKK ist eine national-ethnische und kommunistisch orientierte Bewegung. Es ist sehr schwierig nachvollziehbar, welche politischen Berührungspunkte die RAF hier zu sehen glaubte, außer im gemeinsamen Feindbild, z.B. dem NATO-Mitgliedsstaat Türkei.

Der Versuch der RAF in der deutschen Friedensbewegung oder bei den Bewohnern der ehemaligen DDR Einfluss und Unterstützung zu gewinnen, scheiterte auf der ganzen Linie. Friedensbewegung und Bewohner der ehemaligen DDR wollten beide mit der RAF und ihren abscheulichen Terror-Taten nichts zu tun haben.

Nicht ganz so eindeutig ist dieser Befund bei Bündnisgenossen wie der Hausbesetzer-Szene in der Hamburger Hafenstraße. Gab es hier lediglich eine Ähnlichkeit im Denken und in der Weltanschauung oder führte das Ganze tatsächlich zu praktischer Zusammenarbeit, wie dies durch Staatsschutz-Organe und Medien kolportiert wurde?

Gesicherte Aussagen sind auch in diesem Punkt schwer möglich. Die deutsche Presselandschaft (allen voran der *Spiegel*) behauptete, dass es zwischen RAF und den Hamburger Hausbesetzern eine handfeste Zusammenarbeit gab. Die Staatsschutzbehörden stießen in dasselbe Horn.

Die RAF ihrerseits konterte, dass es zwischen ihr und den Bewohnern der Hafenstraße keinerlei praktische Zusammenarbeit gegeben hätte.

Den Sinn der Falschbehauptung sah die RAF darin, die Hamburger Hausbesetzer zu kriminalisieren und in die Nähe des Staatsfeinds Nummer 1 zu rücken.

Die Neubestimmungsversuche der RAF, welche von ihrem bis dahin herrschenden Denken „Unsere Strategie ist diejenige gegen ihre Strategie" abweichen, nehmen sich seltsam abstrakt und inhaltsleer aus. So ist z.B. die Rede davon, dass Menschen in Selbstbestimmung und in Würde leben sollten. Was das konkret bedeutet, wird kaum ausgeführt. Offensichtlich ist, dass in einer pluralistischen, demokratischen Gesellschaft jeder sein Leben in Würde unterschiedlich selbst bestimmen kann. Die diesbezüglichen Grenzen sind lediglich in den Gesetzen zu finden.

Es ist insofern sehr erstaunlich, dass die RAF der deutschen Bevölkerung ungefragt unterstellt, nicht in Selbstbestimmung und Würde leben zu können. Die RAF hatte sich aber noch selten durch Versuche ausgezeichnet, ihre Behauptungen empirisch zu untermauern.

Dass solche durch nichts gesicherten Unterstellungen die Begründung für Morde und Bombenattentate lieferten, zeigt nicht nur den unbändigen Hass der RAF gegen die freiheitlich-demokratische Grundordnung, sondern auch den Zynismus und das menschenverachtende Denken der RAF.

Die RAF phantasiert auch nach 1989 von einer gesellschaftlichen Organisation ohne Herrschaft. Hinzu kommt, dass sich die RAF eine Hinwendung zum Menschen und den menschlichen Bedürfnissen wünscht.

Diese Orientierung am Menschen ist laut RAF aber nicht mit den kapitalistischen Lebensverhältnissen in Einklang zu bringen.

Alternativen zum Kapitalismus zeigt die RAF aber keine auf. Damit ist die RAF nicht einmal in der Lage innerhalb ihrer eigenen Vorstellungen Alternativen zum Bestehenden aufzuzeigen.

Die Begriffe Selbstorganisation und Selbstbestimmung werden in den RAF-Texten von 1989 bis 1991 häufig gebraucht, jedoch in keiner Weise irgendwie inhaltlich bestimmt. Die RAF ist also in der Zeit des Umbruchs von 1989 bis 1991 beinahe völlig theorielos und konzeptfrei.

Eine konsistente strategische Ausrichtung ist in dieser Zeitspanne ebenso wenig vorhanden. Lediglich bewaffnete Angriffe auf Repräsentanten des Systems und das Drohpotential bewaffneter Politik machen die taktischen und strategischen Möglichkeiten der RAF aus.

Die wenigen Ansätze hinsichtlich einer Weltanschauung befinden auf einem kläglichen Niveau und vermögen nicht einmal aus der RAF-immanenten Sichtweise zu überzeugen.

In der RAF-Debatte der Jahre 1992 bis 1994 setzt dann ein Überlegungsprozess ein, welcher das theoretische Niveau wieder etwas anzuheben vermag. Doch dazu unten mehr.

In den Jahren nach 1991 kam es zwischen der RAF und Teilen der politischen Gefangenen zum Bruch.

Die Vorgeschichte ist schnell erzählt. Die Politik, die Staatsschutzbehörden und die Polizei gaben zu erkennen, dass sie zu Verhandlungen mit der RAF bereit waren. In diesem Gesprächsangebot konnte man eine Offerte an die RAF erkennen, ihr Gesicht zu wahren.

Anders ausgedrückt konnte dieses Angebot aus RAF-Sicht auch als Eingeständnis des Staates gewertet werden, dass die RAF mit militärischen Mitteln nicht in die Knie zu zwingen war.

Diese Sichtweise eignete sich die RAF bis zu ihrer Selbstauflösung an. Daraus speiste sich ein großer Teil ihres Selbstbewusstseins, welches darin bestand, militärisch unbesiegt zu sein.

Was sich tatsächlich hinter dem Angebot des Staats versteckte, kann nicht genau gesagt werden.

Folgende Fragen drängen sich aber auf:

- Handelte es sich um eine Geheimdienstaktion mit dem Ziel, die RAF zu eliminieren?
- Oder störte die RAF aus der Sicht der Politik die jahrelangen Feiern um die deutsche Wiedervereinigung?
- Sollte die RAF mit allen Mitteln elegant beseitigt werden, damit nichts mehr den größten Triumph der deutschen Nachkriegsgeschichte störte?

Ein Teil der RAF-Gefangenen stieg sofort auf das Gesprächsangebot des Staats ein. Die signalisierte Gesprächsbereitschaft wurde v.a. durch die Aussicht auf eine vorzeitige Haftentlassung gestärkt. Im Folgenden werden diese Gefangenen als die Reformer innerhalb der RAF-Struktur bezeichnet.

Die Annäherung an den Staat und die Bereitschaft zu Verhandlungen sorgte beim anderen Teil der RAF-Gefangenen für offene Empörung und Unverständnis. Sie wollten um keinen Preis mit dem Staat verhandeln, selbst wenn ihnen die Freiheit als Preis winkte.

Vielmehr sprach sich dieser Teil der RAF-Gefangenen für die Weiterführung des bewaffneten Kampfes aus; in der bewährten oder aber einer anderen, moderneren Form. Hardliner ist wohl das passende Wort für diese Gefangenen, da sie das Grundverhältnis der RAF zum Staat nicht zu ändern bereit waren.

Die in Freiheit agierende RAF-Kommando-Ebene besaß eine Art Scharnierstelle zwischen den Parteien:

- Wie sollte sie sich verhalten?
- Wo sollte sie Position beziehen?

Die Lage der aktiven Kämpfer der RAF war somit alles andere als einfach. Sie saßen sprichwörtlich zwischen allen Stühlen und konnten keiner Seite gerecht werden. Einmal musste die RAF ihre Handlungsfähigkeit unter Beweis stellen und damit die Bedrohung gegen den Staat aufrecht erhalten. Andererseits lief sie Gefahr bei einer aggressiven militärischen Offensive und damit verbundenen Attentaten, die Gesprächsangebote des Staates von vornherein im Keim zu ersticken.

Ebenso lief die RAF Gefahr als opportunistisch-reformistisch abgetan zu werden, wenn sie zu große Bereitschaft zum Verhandeln mit dem Staat zeigte.

Außerdem stellte sich die Frage der Wahrung der eigenen Identität:

- Sollte der verzweifelte Kampf der dritten RAF-Generation in den achtziger Jahren umsonst gewesen sein?
- Sollten am Ende Waffenstillstands- und Friedensverhandlungen alles für die RAF sein, die sich ja einen Umsturz der bestehenden Verhältnisse auf ihre Fahnen geschrieben hatte?

Die RAF schlug sich in der Summe auf die Seite der Reformer, allerdings nicht ohne manchmal zwischen den Positionen hin und her zu wechseln bzw. ohne einen eigenen Standpunkt einzunehmen.

Diese Ausgangslage der Uneinigkeit und des Streits bildete das Todesurteil für die RAF, was zwangsläufig zu ihrem Zerfall und Untergang führte. In den folgenden Kapiteln wird gezeigt, wie die drei Parteien der Hardliner, Reformer und der RAF Stellung zu den Gesprächsangeboten des Staats bezogen.

Dies wird kurz durch gesellschaftspolitische Meinungen ergänzt, denn auch die Kirchen und Gewerkschaften mischten sich eifrig in die Diskussion um den Umgang mit der RAF und ihren Gefangenen ein.

Eine Analyse dieses Diskussions- und Auflösungsprozesses reicht allerdings nicht aus, um die Ideologie und Strategie der RAF nach 1991 zu analysieren. Vielmehr muss in einem weiteren Schritt das Handeln der Kommando-Ebene nach dem Streit von 1992 bis 1994 betrachtet werden.

Die RAF gab es immerhin bis zu ihrer Auflösungserklärung im Frühjahr 1998. Von 1994 bis 1998 meldete sich die RAF noch einige Male zu Wort und gab ihre Überlegungen preis.

Als Grundlage für die folgenden Ausführungen dienen zahlreiche Textdokumente. Dies sind v.a. Briefwechsel, Stellungnahmen, Strategiepapiere, Bekennerschreiben und Leserbriefe.

Umfangreiches geschichtliches Quellenmaterial bildet somit die gesicherte Basis, um das Ende der RAF vom Zerfall bis zur Auflösung nachzeichnen und verstehen zu können. Grundlage der historischen Arbeit ist die philologische Analyse des Quellenmaterials bei einer gleichzeitigen historischen Kontextualisierung.

## 3. Der Zerfall – Die Lager

Die RAF und ihr Umfeld spalteten sich nach 1991 offen in mehrere Fraktionen auf. Die Hardliner und Reformer standen sich dabei unversöhnlich gegenüber. Die Kommando-Ebene der in Freiheit handelnden RAF befand sich zwischen den Fronten, bezog aber letztlich Stellung für die Reformer.

Das linksradikale Umfeld der RAF schlug sich – je nach politischer und militanter Ausrichtung - wahlweise der einen oder anderen Partei zu. Eine bis zu diesem Zeitpunkt nicht gekannte – unversöhnliche - Aufteilung des linksradikalen und staatsfeindlichen Lagers fand statt. Damit verlor das anti-demokratische Bündnis eine seiner stärksten Waffen: seine Einheit.

In der Politik, der Gesellschaft sowie in Polizei- und Geheimdienstkreisen war nach der deutschen Wiedervereinigung das weitere Vorgehen gegenüber der RAF und den Gefangenen nicht unumstritten.

Einerseits gab es gesellschaftliche Kräfte, die den offenen Dialog mit den linksradikalen Terroristen befürworteten, mit dem Ziel, das schreckliche Morden zu stoppen und einen Diskurs über gesellschaftliche Problembereiche in Gang zu bringen. Zu diesen gesellschaftlichen Kräften gehörten Würdenträger der Kirche, liberale Politiker, Professoren und Künstler.

Auf der anderen Seite lehnten rechtskonservative Politiker und hochrangige Entscheidungsträger staatlicher Behörden jeglichen Kontakt mit den kriminellen Linksterroristen schlicht ab. Mit Terroristen wird nicht verhandelt, lautete die Begründung. Damit wurde die Staatsräson – wie 1977 unter der sozialdemokratischen Regierung Helmut Schmidts – über alles andere gestellt.

Diese Ausgangssituation war nicht leicht. Es war Bundesjustizminister Klaus Kinkel von der Freien Demokratischen Partei, der mit seiner auf dem Dreikönigstreffen der FDP in Stuttgart vorgetragenen Kinkel-Initiative die RAF-Debatte überhaupt erst in Gang brachte.

Aber bereits vor der Kinkel-Initiative herrschte in der deutschen Gesellschaft und in den RAF-Zusammenhängen eine neue Diskussionskultur, welche neue und bisher ungangbare Wege andachte.

Insofern schien ein Silberstreif am Horizont vorhanden zu sein:
- Sollte die Konfrontation zwischen dem demokratischen Staat und der linksterroristischen Vereinigung RAF endgültig überwunden werden können?

- War es endlich möglich, das sinnlose Morden und Bomben zu beenden?

Die Zeichen für eine Überwindung des Konflikts standen gut. Die RAF erklärte in der so genannten April-Erklärung 1992 die Einstellung der bewaffneten Angriffe auf Repräsentanten aus Wirtschaft, Staat und Politik. Dabei verknüpfte sie die Zurücknahme der tödlichen bewaffneten Eskalation aber unauflösbar mit der Bedingung, dass die politischen Gefangenen frei kämen:

> „Mit ihrer Erklärung vom April 1992 vollzog die RAF einen Bruch in der bisherigen Auseinandersetzung mit dem Staat. Es wurde eine neue Phase angekündigt und das Papier als grundsätzliche Neuorientierung und Reflexion ihrer Politik seit 1982 verstanden. Ohne Vorleistung bot die RAF eine Einstellung von direkten (tödlichen) Angriffen gegen Repräsentanten des Staates an, im Gegenzug sollten die staatlichen Organe verbesserte Haftbedingungen für die in der BRD inhaftierten politischen Gefangenen garantieren."[5]

Als sehr problematisch erwies sich aus der Sicht der Hardliner im Nachhinein die Verknüpfung, tödliche Angriffe einzustellen bei gleichzeitiger Verbesserung von Haftbedingungen politischer Gefangener.

Ein solches „Verdealen" erwecke laut Hardlinern den Eindruck, dass die Politik der RAF ihre Grundlage nur noch in der Frage der politischen Gefangenen besitze. Davon wird weiter unten noch ausführlich die Rede sein.

Die der Kinkel-Initiative und April-Erklärung folgende Debatte und Selbstzerfleischung der anti-demokratischen und gewaltbereiten Linken verlief alles andere als emotionslos. Die Parteien der Reformer und Hardliner beschuldigten sich gegenseitig aufs Schlimmste. Dabei flachte das Diskussionsniveau zusehends ins Bodenlose ab und entbehrte jeglichen politischen Inhalts.

Das Ganze ging sogar so weit, dass sich ehemalige Kampfgenossen gezielt unterhalb der Gürtellinie beschimpften und die persönliche Integrität des anderen in Frage stellten. Damit scheint auch eine Ebene persönlicher Aversionen zwischen den Gefangenen in der ganzen Debatte zum Vorschein gekommen zu sein.

Natürlich wetterten die Hardliner v.a. gegen den Staat, das System und die Geheimdienste, indem sie allen unlautere Absichten im Zusammenhang mit der Kinkel-Initiative unterstellten. Auch die Kommando-

---

[5] Edition ID-Archiv, S. 7.

ebene der RAF entging aufgrund ihrer engen Verknüpfung mit den Reformern nicht den Beschimpfungen und Verdächtigungen der Hardliner.

Im Gegenzug revanchierten sich Reformer und RAF, indem sie den Hardlinern Beschimpfungen wie Dinosaurier-Denken, unnötigen Militarismus und Starrsinn an den Kopf warfen.

Diese stark personalisierte Ebene der Streitgespräche ist wohl nur dann zu verstehen, wenn man sich vergegenwärtigt, dass es für die daran Beteiligten um nicht weniger als ihre Lebensinhalte, ihre Identität und ihren Glauben ging. Für fast alle Beteiligten aus dem RAF-Zusammenhang stellte sich die Frage, ihr bisheriges Leben über Bord zu schmeißen. Solche kritischen und grundsätzlichen Selbsteinsichten sind schmerzhaft und niemand vollzieht sie gerne, auch wenn sie objektiv und subjektiv zwingend notwendig sind.

Um einen verständlichen Aufbau und eine ertragreiche Übersicht in die Auseinandersetzung zwischen Hardlinern, Reformern und RAF zu bringen, gliedere ich die folgenden Teilkapitel gleichsinnig. Dies betrifft nicht nur die verwendeten Kapitelunterpunkte, sondern auch den Umfang und den Aufbau der einzelnen Teilkapitel.

Dabei werden gleichermaßen bei Hardlinern, Reformern und der RAF folgende Gliederungspunkte berücksichtigt:

a) Beurteilung der RAF-Geschichte

b) Rechtfertigung des bewaffneten Kampfes

c) Analyse des Staats und der Gesellschaft

d) Ausrichtung der Ideologie und Strategie und

e) Gefangenenfrage.

Die Positionen aus Politik und Gesellschaft werden zusammengefasst dargestellt und gewürdigt.

## 3.1 Die Hardliner

Das Lager der Hardliner umfasste den qualitativ größeren Teil der so genannten politischen Gefangenen. Dabei handelte es sich meistens um ehemalige Mitglieder der RAF-Kommando-Ebene. Ebenso schlossen sich aber Mitglieder des so genannten Widerstands an.

Der Widerstand war ein logistisch-militärischer Arm der RAF, der nicht vollständig in der Illegalität operierte. Die militärischen Aktionen des Widerstands richteten sich ausschließlich gegen Gebäude und schlossen Angriffe gegen Personen aus. Die 3. Generation der RAF hatte den Widerstand als Teil ihres strategisch-taktischen Konzepts eingeführt und als festen Bestandteil verankert. Durch die Einbeziehung des Widerstands sollten eine breitere Frontbildung und mehr Aktionen gegen das System möglich sein.

Die Wortführer und geistigen Mentoren der Hardliner waren Brigitte Mohnhaupt, Christian Klar und Helmut Pohl.

Sie gehörten alle der zweiten Generation der RAF an.[6] Die zweite RAF-Generation griff v.a. im Jahr 1977 mit einer bis dahin nicht gekannten Härte den deutschen Staat an. Die 2. Generation der RAF stellte somit offensichtlich die Machtfrage. Das Ganze gipfelte schließlich im so genannten Deutschen Herbst.

Eine Reihe von Hinrichtungen und Entführungen endeten damals mit der Entführung eines Lufthansa-Flugzeugs mit deutschen Urlaubern an Bord. Das Ziel der RAF, die im Gefängnis einsitzenden Mitglieder der ersten RAF-Generation freizupressen, wurde nicht erreicht.

Die RAF-Gründungsväter wurden in ihren Gefängniszellen der Justizvollzugsanstalt Stammheim tot aufgefunden.

Brigitte Mohnhaupt stieg nach ihrer Haftentlassung am 8. Februar 1977 sehr schnell zur unumstrittenen Führerin der zweiten RAF-Generation auf.

Sie hatte einige Zeit mit Andreas Baader und Gudrun Ensslin im 7. Stock des Hochsicherheitstrakts der JVA Stammheim verbracht. Baader und Ensslin hatten Mohnhaupt genau angewiesen, wie sie die RAF nach ihrer Haftentlassung auf Vordermann bringen sollte.

Die Umsetzung der Offensive 1977 bewies, wie entschlossen und tatkräftig Mohnhaupt die Vorgaben umsetzte. Mohnhaupt galt auch nach ihrer Verhaftung als einer der führenden Köpfe der RAF.

Mohnhaupt entwickelte auch in Gefangenschaft z.T. die RAF-Ideologie und -Strategie, welche von der in Freiheit agierenden RAF aufgegriffen und umgesetzt wurden. Die Behörden nannten dieses Phänomen Zellensteuerung. Sie gingen davon aus, dass die RAF-Kommando-Ebene ihre Anweisungen aus dem Gefängnis erhielt und insofern gesteuert wurde.

---

[6] Helmut Pohl gehörte allerdings bereits zur ersten Generation der RAF, spielte dort aber nur eine untergeordnete Rolle.

Christian Klar war zweifellos einer der Aktivposten der zweiten RAF-Generation. Voller Tatendrang und mit viel Eifer war er an zahlreichen Aktionen und Attentaten beteiligt. Für Klar bestand nie ein Zweifel daran, dass es legitim war Menschen bei politischen Attentaten zu töten, falls der Revolution dadurch geholfen wurde.

Klar war während seiner Zeit in Freiheit und im Gefängnis ein Verfechter der harten Linie des bewaffneten Kampfes. Für ihn waren überhaupt keine Zweifel angebracht, ob der bewaffnete Kampf gerechtfertigt war oder nicht.

Helmut Pohl kann getrost als Dauerbrenner der RAF gelten. Er gehörte bereits zur 1. RAF-Generation, obgleich er dort eher als Randfigur gilt. Pohl wurde im Juli 1984 in Frankfurt in der Berger Straße verhaftet. Damals fand der Übergang von der zweiten zur dritten RAF-Generation statt. Das Verhaftungsdatum Pohls gilt als Scharnierstelle zwischen der zweiten und dritten RAF-Generation. Pohl zeichnete sich weniger durch tatkräftiges Handeln, sondern vielmehr als Stratege, Planer und Chefideologe aus. Es war sein Merkmal, kompromisslos und radikal zu denken.

*a) Beurteilung der RAF-Geschichte*

Von den Hardlinern kann nicht erwartet werden, dass sie seit 1992 ihre eigene Geschichte und die Geschichte der RAF grundsätzlich in Frage stellen. Hardliner möchten ja im Gegenteil an etwas festhalten und wehren sich dagegen, neue Wege zu gehen. Hardliner stehen für eine bisher eingeschlagene Richtung, von der sie nicht abweichen möchten.

Die Hardliner beurteilen die Geschichte der RAF einhellig als gerechtfertigt. Die Entscheidung bewaffnet zu kämpfen sehen sie als notwendige Folge der gesellschaftspolitischen Verhältnisse in Deutschland und der kapitalistischen Welt.

Damit erteilten die Hardliner der ersten RAF-Generation um Baader, Meinhof und Ensslin eine Generalabsolution. Ebenso unproblematisch bewerten die Hardliner das eigene Handeln und den damit verbundenen revolutionären Kampf. Folglich scheinen aus dem Lager der Hardliner keine Zweifel an der Geschichte der RAF vorhanden zu sein.

Der RAF-Aktivist und Hardliner **Rolf Heißler** schreibt über die Berechtigung des bewaffneten Kampfes:

> „Die Neubestimmung revolutionärer Politik ändert an der Legitimität unseres Kampfes und unserer Ziele genauso wenig wie an der Illegalität ihrer Maßnahmen gegen uns seit über zwei Jahrzehnten."[7]

Die Geschichte der RAF, der bewaffnete Kampf, Attentate, Tote und die Ziele der revolutionären Politik sind also laut Heißler nicht hinterfragbar und vollständig gerechtfertigt. Er schränkt diese Aussage allerdings insofern ein, als es nun – zu Beginn der 1990er Jahre - eine Notwendigkeit zur politischen Neuorientierung der RAF gibt. Wesentlich in der Geschichte der RAF ist – so Heißler weiter - die Frage der politischen Gefangenen.

In diesem Zusammenhang ist für Heißler entscheidend, wie der Staat mit den politischen Gefangenen umgeht. Diesen Punkt sieht er sehr kritisch, denn er unterstellt dem Staat, dass er gegenüber den Gefangenen der RAF seit Jahrzehnten illegale Maßnahmen zu deren Vernichtung unternimmt. Damit sind physische und psychische Folterungen, aber auch die Einschränkung von fundamentalen Rechten gemeint.

Natürlich gab es bei den Hardlinern auch in gewissem Rahmen Kritik an der Geschichte der RAF. Diese berührte allerdings nicht die RAF und ihre Ausrichtung, sondern beschränkte sich im Wesentlichen darauf, dass der bewaffnete Kampf der RAF nicht konsequent genug war und mit der nötigen Härte geführt worden sei.

Insofern werden hier von den Hardlinern nur Zweifel am Ergebnis des bewaffneten Kampfes angebracht. Geschichtlich betrachtet waren der bewaffnete Kampf und die Entwicklung der RAF für die Hardliner moralisch und ethisch notwendig. Vielmehr war es für die Hardliner eine Frage der moralischen Aufrichtigkeit und Integrität, auf der Seite der Unterdrückten gegen das System bewaffnet zu kämpfen.

**Eva Haule** betont v.a. den historisch-gesellschaftlichen Hintergrund, der den Kampf der RAF bedingte:

> „Es ist zentral in unserer ganzen Geschichte: Die Aktion der RAF war bestimmt innerhalb einer konkreten Gesamtkonzeption und Zielvorstellung des revolutionären Prozesses, um ihn voranzutreiben. […] [D]ie Zentralperspektive, die sich historisch aus der Entwicklung des Befreiungskampfes im internationalen Klassenkrieg heraus gebildet hatte – darin die bewaffnete Intervention hier, Guerilla als Offensivposition in der Metropole. Eben auch die Perspektive, die jede Aktion vermittelt hat. Das war seit 1970 unsere Sache."[8]

---

7    Edition ID-Archiv, S. 175.
8    Edition ID-Archiv, S. 23.

Die Geschichte der RAF ist nach Haule nicht nur gerechtfertigt, sondern sie erhebt den Weg der RAF zum - allein selig machenden - individuellen und geschichtlichen Desiderat.

Anders formuliert bedeutet das, dass für Haule die Entscheidung in der RAF bewaffnet zu kämpfen und sich gegen das System aufzulehnen für den Menschen in der damaligen Zeit der einzig moralisch-ethisch vertretbare Weg gewesen ist. Wahre Menschlichkeit konnte sich also für Haule nur in der Aufnahme des bewaffneten Kampfes gegen ein allzu unmenschliches System zeigen.

**Haule** konkretisiert schließlich diese Aussagen mit Blickrichtung auf die Gegenwart:

> „Es gibt nicht mehr die ‚zentrale Linie' in einer konkret zu definierenden Etappe, die die gesamte Auseinandersetzung zwischen Imperialismus und Revolution entscheidend bestimmt, wie es z.B. in den 80ern war und nicht nur von uns so begriffen wurde. Heute sind in verschiedenen ‚Bereichen', ‚Problemkomplexen' gleichzeitig radikale Kämpfe dringend notwendig, und das drückt sich da, wo Widerstand entwickelt wird, schon praktisch aus, im Kampf um Wohn- und Lebensraum, bei den Antifa-Gruppen, beim Kampf gegen die staatliche Ausländerpolitik und dem gegen den neuen Interventionismus der imperialistischen Staaten, beim Kampf gegen Umweltvernichtung, beim Kampf in den Gefängnissen."[9]

Haule schreibt also nicht nur den bei den Hardlinern (und der RAF, vgl. unten) unumstrittenen Ausspruch fest, dass in den 80er Jahren die Welt vor einem Entscheidungskampf zwischen Kommunismus und Kapitalismus stand. Sie ist darüber hinaus in der Lage, konkrete Aussichten aufzuzeigen, in welchen Bereichen die Kämpfe der linksradikal-militanten Opposition in Zukunft stattfinden werden. Damit wird die RAF-Geschichte zum Fingerzeig für die Zukunft: Geschichte dient der Identitätsfindung in der Zukunft.

Haule spannt in ihrer Aussage den Bogen von lokalen (Kampf um Lebens- und Wohnraum) zu globalen (Kampf gegen den Interventionismus der imperialistischen Staaten) Themen. Dieser Bogen vom Hier zum Überall in der Welt verdeutlicht die Größe der Aufgaben, welche die RAF und die Linke in Deutschland anzupacken hat.

Die RAF sieht, dies führt Haule weiter aus, ihre Geschichte in der Tradition des globalen gesamtrevolutionären Prozesses. Dabei griff die RAF ihrem Selbstverständnis nach auf der Seite der Armen und Entrechteten im internationalen Klassenkrieg ein. Sie versuchte zum einen

---

[9] Edition ID-Archiv, S. 23.

den unterdrückten Völker und Menschen in der 3. Welt zu helfen und zum anderen aber auch für Befreiung in den europäischen Metropolen zu sorgen.

Diesem Verständnis der Hardliner entsprechend war die RAF ein weltumfassender Heilsbringer, der die Bedürfnisse der Menschen in den Metropolen ebenso berücksichtigte wie diejenigen der Menschen in den Ländern der 3. Welt. Die RAF wurde somit allen gleich gerecht, wobei sie den größten Hilfsbedarf bei den armen Ländern im Süden sah.

Gabi Happe und Sigrid Hanka gelten eher als Randfiguren der dritten RAF-Generation. Sie mischten sich aber in den Jahren 1992 bis 1994 wortgewaltig in den Streit auf Seiten der Hardliner ein.

**Happe** und **Hanka** betonen ihre Einstellung zum Spannungsverhältnis von Zentrum (Westen) und Randgebiet (Süden), welches das Denken der RAF lange beherrschte, wie folgt:

> „Wir kamen zwar nicht mehr direkt aus dieser Entwicklung 78, des offensiven Aufbruchs der Kämpfe gegen den Imperialismus auf allen Kontinenten, denn als wir anfingen, war das Kräfteverhältnis schon festgefressen, und die imperialistischen Staaten allen voran die USA, weiteten ihre ganzen Aufstandsbekämpfungsprogramme auf allen Ebenen aus, gegen die befreiten Länder und Befreiungskämpfe weltweit – counterinsurgency, Contrakriegsführung, direkte militärische Interventionen wie in Grenada, und Westeuropa wurde militärisch aufgerüstet -, aber trotzdem war auch für uns mit dieser Bewegung der internationalen Befreiungsoffensive und darin die Metropolenfront die Vorstellung von Perspektive verbunden."[10]

Happe und Hanka benennen zielgenau wichtige geschichtliche Kernpunkte, welche ihren bewaffneten Kampf zu rechtfertigen schienen. Auch hier wird deutlich, dass der wesentliche Ansatzpunkt in der Auseinandersetzung des Imperialismus mit den (kommunistischen) Befreiungsbewegungen liegt.

Hatten Haule, Happe und Hanka das große Ganze im Blick, so wendet sich Christian Klar stärker bestimmten Fragen des Individuums und seiner (Kampf-) Geschichte zu.

**Klar** beschreibt die Geschichte der RAF und ihrer Kämpfer so:

> „Indem die Revolutionäre den revolutionären Prozess leben, nicht einfach etwas ihnen selbst äußere bearbeiten, bringen sie die Kraft auf, die das Alte aufsprengen kann. Unter den Bedingungen der imperialistischen Metropole ist mit diesem Ansatz die bürgerliche Mystifikation der

---

[10] Edition ID-Archiv, S. 53.

> Illegalität als Beschränkung von Lebensentfaltung überhaupt erst aufgehoben worden."[11]

In diesem Zitat zeigt sich eindeutig die von der zweiten RAF-Generation vollzogene subjektivistische Wende hin zur Frankfurter Schule von Adorno, Horkheimer und Marcuse.

Klar versteht demnach die Geschichte der RAF als einen persönlichen, unabhängigen und selbstbestimmten Prozess, welcher sich den Interessen- und Verwertungsbedingungen des kapitalistischen Systems entzieht. Der Einzelne möchte nach Klar das kapitalistische System vernichten, da er dessen mörderische Züge erkennt. Für Klar steht also fest, dass sich der Mensch erst im Kampf innerhalb der RAF selber verwirklichen und zu sich selber finden kann.

Ist die RAF in diesem Verständnis also eine moderne Selbsthilfe- und Selbstfindungsgruppe? Bombenbauen und Schießübungen statt Töpfern und Trommelkurse in der Toskana? Ansätze in diese Richtung hatte es ja bereits beim Sozialistische Patientenkollektiv (SPK)/Heidelberg gegeben. Aus dem SPK hatten sich zahlreiche Kämpfer der 2. RAF-Generation rekrutiert.

Die Geschichte der RAF und ihrer Kämpfer besteht in Klars Verständnis im Kampf gegen das Alte und im Versuch etwas Neues zu errichten, was den Menschen als Ganzes und eigenständiges Wesen widerspiegelt. Allerdings geht Klar über diese Andeutungen nicht hinaus.

Auch hier gibt es keinerlei konkrete Hinweise darauf, was sich Klar (bzw. die RAF) unter einer positiven Füllung des Neuen vorstellt und wie der Mensch ein ganzes und eigenständiges Wesen werden kann. Klar verwendet – wie die RAF dies in ihrer Geschichte durchgängig tut – leere, abstrakte und analytische Worthülsen, um abscheuliche Mordtaten und Verbrechen zu rechtfertigen. Dabei ist niemand aus den Reihen der RAF in der Lage, einen konkreten Gegenentwurf zu den bestehenden Herrschafts-, Gesellschafts- und Politiksystemen zu unterbreiten.

**Heidi Schulz** bekennt hingegen, dass sie Fehler in der RAF-Geschichte erkennt. Gleichzeitig weigert sich die Hardlinerin aber, die RAF-Geschichte als ganze zu verleugnen und das Ende der Geschichte der RAF einzuläuten:

> „Dazu gehört: deine eindimensionale Sichtweise, die nur unsere Fehler und Schwächen sehen will und losgelöst von der Dialektik ‚von Revolu-

---

[11] Edition ID-Archiv, S. 245.

tion und Konterrevolution', losgelöst von den konkreten Herrschaftsprojekten und Bekämpfungsstrategien gegen revolutionäre Politik und jeden Widerstand, führt natürlich nicht zur Weiterentwicklung von revolutionären Erfahrungen, zu Lernprozessen aus der authentischen Geschichte von 22 Jahren Kampf, zu Neubestimmungen auf dieser geschichtlichen Grundlage, sondern zu ihrer Negation, zur Negation all dessen, was erkämpft worden ist. Das ist dann nicht mehr die Trennungslinie zu kapitalistisch-imperialistischer Herrschaft, sondern einen Schlusspunkt zu revolutionärer Politik insgesamt zu setzen."[12]

Indirekt gibt Schulz zu verstehen, dass die RAF stolz auf eine lange Geschichte des Kampfes zurückblicken kann und dass sie viel erreicht hat. In diesem Selbstbewusstsein regt sie darüber hinaus an, dass auf dieser Grundlage Neubestimmungen der revolutionären Politik der Zukunft getroffen werden sollen.

Darin liegt aber auch das Eingeständnis, dass die bisherige Geschichte der RAF zwar positiv verlaufen ist, nunmehr aber einer Korrektur bedarf. Insofern beurteilt Schulz die RAF-Geschichte durchweg positiv, mahnt aber auch Veränderungsbedarf für die Zukunft an. Schulz sieht Bedarf, für die Zukunft aus der glorreichen Geschichte der Vergangenheit zu lernen und gegebenenfalls Kurskorrekturen vorzunehmen. Dies soll dann in der vollendeten Revolution münden.

### b) Rechtfertigung des bewaffneten Kampfes

Der bewaffnete Kampf ist aus der Sicht der Hardliner notwendig und gerechtfertigt. Deutlicher als **Klar** dies in einem *konkret*-Leserbrief ausgedrückt hat, kann man diese Ansicht kaum auf den Punkt bringen:

> „Der Kopf mag ja rund sein und uns damit der Gefahr aussetzen, dass sich die Gedanken in eine beliebige Richtung wenden, aber vorne auf dem Kopf sitzt auch eine Nase, die hilft, vorwärts und rückwärts zu unterscheiden. Er enthält eine kleine Leinwand hinter der Stirn, auf die der Verstand Visionen wirft, und er besitzt Augen, um den Blick kühl über Kimme und Korn zu werfen. Allerdings beherbergt der Kopf, wie weit man das Teil auch ausräumt, nicht das Herz, das noch in den ärgsten Zeiten gegen Kleinmut und links-deutsche Einseiferei revoltieren könnte."

Klar spricht sich damit für die Beibehaltung des revolutionären, bewaffneten Kampfs aus. Ausdrücklich sieht er die Bedeutung der Augen darin, um Ziele anvisieren und treffen zu können.

Gleichzeitig verurteilt er diejenigen, welche nicht bewaffnet kämpfen wollen, als Reformer und Kleingeister. Er unterstellt ihnen Angst und,

---

[12] Edition ID-Archiv, S. 180.

was noch viel schlimmer wiegt, den Versuch, diese Angst durch Schaumschlägerei und Gerede rechtfertigen bzw. verstecken zu wollen.

**Klar** sieht den bewaffneten revolutionären Kampf auch als Kampf gegen die Ausprägungen des christlich-abendländischen Kulturguts. Die

> „christlich-abendländische ‚kulturelle Leistung' der Trennung von Körper und Geist (die Spaltung in der Person), die, sagen welche, die das genauer erforscht haben, auf dasselbe halbe Jahrtausend zurückreicht, die Deformierungen bedeutet und alle möglichen Erscheinungen von Entfremdung und gleichzeitig die – unbegriffene – scharfe Glasscherbe abgibt, die den weißen HERRENmenschenwahn immer wieder hochbringt. Es ist die Scherbe, die den Herrenmenschen abhält, sich auf den Grund der eigenen Seele niederzulassen und von da aus zu leben, freie Beziehungen zu anderen Menschen/Völkern einzugehen [...] Und weil die Scherbe nicht mal entdeckt ist, wird die Ursache des Schmerzes projiziert auf die ‚Sündenböcke', hassend am meisten die, die mehr Freisein und Lebendigkeit ausstrahlen und ursprünglichere menschliche Bedürfnisse ‚anmelden'."[13]

Klar stellt fest, dass die Menschen der westlichen Staaten unter einer Verformung ihrer Persönlichkeit leiden, welche durch die Trennung von Körper und Geist hervorgerufen wird. Diese Trennung hindert die Menschen nicht nur daran Beziehungen zu anderen Menschen einzugehen, sondern ist darüber hinaus noch Ansporn, alle ganzheitlicher und ursprünglicher lebenden Menschen vernichten zu wollen.

Dies bildet für Klar den gedanklichen Ausgangspunkt, an dem bewaffneter Widerstand unabdingbar ist, da ansonsten die selbsternannten Herrenmenschen alles andere an sich reißen oder vernichten. Bewaffneter Widerstand entwickelt sich so für Klar zur Schutzfunktion ungerechtfertigt Unterdrückter.

**Klar** rechtfertigt auch an anderer Stelle – nämlich bei einem Strafprozess gegen ihn in Stuttgart-Stammheim - ausdrücklich den Einsatz von Waffen und deren Anwendung:

> „Es gehört zur grundsätzlichen Verantwortlichkeit, dass der Einsatz von Waffen, wenn dem schon nicht mehr ausgewichen werden kann, dann so geschieht, dass keine Unbeteiligten gefährdet werden. Da sind Prinzipien aus dem Wesen der revolutionären Linken – und sich als Einzelner oder Organisation immer wieder dahin zu schaffen, es auch umzu-

---

[13] Edition ID-Archiv, S. 178.

setzen, muss die (Selbst-)Erziehung bewaffnet kämpfender linker Organisationen sein."[14]

Klar spricht sich hier deutlich für den Waffeneinsatz (der Anlass ist der RAF-Banküberfall in Zürich, bei dem Unbeteiligte getötet wurden) aus. Einschränkend verweist Klar auf den notwendigen Schutz von Zivilisten. Im Umkehrschluss bedeutet das, dass Waffen aber gegen Polizisten und andere Ordnungshüter eingesetzt werden können und müssen.

Klar stellt beides, den Schutz der Zivilisten, aber auch den Einsatz von Waffen gegen Nicht-Zivilisten, als eine Selbstverständlichkeit und Notwendigkeit des bewaffneten revolutionären Kampfes heraus. Wer dies anzweifelt, kann für Klar kein Revolutionär sein.

Wie verhielt sich die Einschätzung der Hardliner auch in Zukunft, d.h. in den 1990er Jahren bewaffnet kämpfen zu müssen?

**Hanka und Happe** schreiben dazu:

> „Wir kämpfen für eine Lebensperspektive, das heißt, wir müssen gesellschaftliche Ziele bestimmen, und wir müssen an einer internationalen Strategie arbeiten, denn es geht um einen weltweiten Umwälzungsprozess. Dieser Prozess ist nur vorstellbar in vielen Kämpfen […] Das heißt, wir müssen an jedem Punkt darauf zielen, die absolute Verfügungsgewalt des Staates, der imperialistischen Staaten überhaupt, einzudämmen und abzunehmen […] Dafür muss sich jede/r einsetzen, der/die nicht bereit ist, sich damit abzufinden, dass das Kapital über die Mehrheit der Weltbevölkerung drüberwalzt, die ganze Erde zerstört und verseucht […] Wir müssen dafür Ziele bestimmen und sie durchkämpfen."[15]

Es fällt zunächst auf, dass die Hardliner nicht offen von einer zukünftigen bewaffneten Konfrontation mit dem Staat sprechen. Die diesbezüglichen Äußerungen sind offen.

Allerdings ist die Sprache nach wie vor militaristisch, denn der Begriff des Kämpfens durchzieht den kurzen Textabschnitt. Ebenso deutlich ist die Rede davon, dass dem (deutschen) Staat, den imperialistischen Staaten und dem internationalen Kapital etwas entgegengesetzt werden muss.

Insofern ist nicht mehr ausdrücklich von der Notwendigkeit des bewaffneten Kampfs die Rede. Vielmehr scheint dieser nicht als Option ausgeschlossen, sondern im Bereich des Möglichen zu liegen.

---

[14] Edition ID-Archiv, S. 160 f.
[15] Edition ID-Archiv, S. 57.

**Haule** nimmt aus einem anderen Gesichtspunkt Stellung zur Zukunft des bewaffneten Kampfs und behauptet:

> „Auch ging es nicht darum, wie die Guerilla hier in irgendwas anderes umgewandelt werden kann […] ‚Waffe der sozialen Bewegungen', […] (‚schärfstes Mittel des Widerstands'); oder die alten Bestimmungen plus erweiterter Aktionsradius, wie z.B. Eingriff in den Häuserkampf […] [B]ewaffnete Aktionen sind kein Experimentierfeld […] Das heißt auch, dass nicht eine Fraktion [hier die RAF, Ch.K.] allein von sich aus Grundlagen setzt, die aus ihrem Niveau, einfach schon aus der Qualität der Angriffe den Charakter und Verlauf der ganzen weiteren Auseinandersetzungen determinieren […] Unsere Politik und Praxis kann nie einfach ‚Reaktion', ein zur Rechenschaft ziehen der Verantwortlichen für die Verbrechen des Imperialismus sein […] Wenn die politische und strategische Bestimmung der bewaffneten Aktion nicht im Zentrum steht und vermittelt ist, stirbt die Politik."[16]

Haule besteht darauf, dass der RAF, wie dies historisch gesehen aus der Sicht der Hardliner gegeben war, eine zentrale politische Perspektive gegeben werden muss.

Bewaffnete Politik darf ihrer Meinung nach nie nur Reaktion gegen Aktionen des Staats und der Imperialisten sein. Vielmehr soll die bewaffnete Aktion ein taktisches Mittel einer übergeordneten politischen Konzeption sein.

Gemäß Haule muss die RAF in der Lage sein, eine politische Perspektive zu erarbeiten. Innerhalb dieser Perspektive sind dann bewaffnete Aktionen nicht nur denkbar, sondern notwendig, um die Politik umzusetzen. Solange diese politische Linie fehlt, sieht Haule keine gerechtfertigte Grundlage für den bewaffneten Kampf.

*c) Analyse des Staats und der Gesellschaft*

Es versteht sich beinahe von selber, dass die Staats- und Gesellschaftsanalyse der Hardliner-Fraktion nicht positiv ausfällt.

Eigentlich hatten sich gemäß der Hardliner-Analyse die bundesrepublikanischen Zustände seit der deutschen Wiedervereinigung im Vergleich zu vorher nur noch verschlechtert. Nach der Wende und deutschen Widervereinigung fehlte die systemische Alternative in Form des realexistierenden Sozialismus, was den deutschen Staat ermutigte, noch rücksichtsloser seine Unterdrückungsmechanismen hochzufahren und kapitalistisch-imperialistischen Interessen durchzusetzen.

---

[16] Edition ID-Archiv, S. 26.

**Schulz** formuliert ihre Staats- und Gesellschaftsanalyse so:

> „Ich denke, heute in einer Situation, wo sich offen zu zeigen beginnt, wohin großdeutsche Politik führt – Krieg, Asylverhinderung, Oberwasser für alle rechten, reaktionären Entwicklungen, rassistische faschistische Gewalt – ‚große Koalition' (ohne dass sie formal an der Regierung wäre) zu allen einschneidenden politischen Entscheidungen, um die politisch-strategischen Grenzen zu durchbrechen, die dem deutschen Imperialismus durch die Nachkriegsgrenzen und -geschichte […] in seiner Expansion eingeschränkt haben – weltweit – wie im Innern –, müssen alle um einen gemeinsamen politischen Begriff von unten und eine gemeinsame politische Antwort gegen diese Entwicklung kämpfen."[17]

Offensichtlich befürchtet Schulz – stellvertretend für die Hardliner der politischen Gefangenen – im wiedervereinigten Deutschland von Staatsseite aus das Schlimmste. Bereits eingetretene Auswirkungen der Wiedervereinigung sind ihrer Auffassung nach Krieg, die Abweisung von Asylsuchenden und das Entstehen einer reaktionär-faschistischen Ideologie.

Außerdem vermutet Schulz, dass sich die faschistische Ideologie bald in konkrete und materialisierte Gewalt umwandeln wird. Außenpolitisch unterstellt die Hardlinerin, dass Deutschland imperialistische Großmacht werden möchte, welche bestimmte Ziele NS-Deutschlands wieder aufgreift und zu verwirklichen versucht.

Schulz vermutet in diesem Zusammenhang schließlich, dass Deutschland in Zukunft – neben den bisher verwendeten ökonomischen Mitteln – militärische Gewalt einsetzen wird. Deutschland beutet also laut Schulz Länder in der 3. Welt aus, um Profite und einen guten Lebensstandard im eigenen Land zu sichern.

Auch innenpolitisch sehen die Hardliner große gesellschaftspolitische Probleme, wie z.B. das der Armut.

**Klar** stellt hierzu fest:

> „So ist das die Logik des Appells an den Staat, „das Ausmerzverhältnis aufzuheben", dann auch nur eine Sache der Respektabilität unter Weißen, sozusagen mit Blick auf den Horizont der Festung Europa. In dieser unaufrichtigen Übertaktik kann das Thema der sich verschärfenden Armut innerhalb der imperialistischen Zentren selbst, die angebliche Priorität der „neuen Politiker", dann auch nur so wie in den neueren Texten gehandelt werden: das wachsende Heer der Armen in den impe-

---

[17] Edition ID-Archiv, S. 181.

rialistischen Zentren gezeichnet als Figuren einer Spielfilmkulisse. Ja, das ist überhaupt das Stichwort, wir sind in einen Film getreten."[18]

Klar beschwört eindrücklich das Bild der Festung Europa. Es soll den Armen der 3. Welt mit militärischen Mitteln verwehrt werden, in diese Festung zu gelangen. Aber auch in Europa selber – so Klars Analyse weiter – wird sich das Problem der Armut verschärfen, allerdings im Vergleich zu den Ländern in der 3. Welt in geringerem Maße.

Klar beschuldigt die RAF und Reformer, für sich einen Platz in der wohlhabenden Festung Europa sichern zu wollen. Damit stellt er die RAF und Reformer auf eine Stufe mit den Politikern und Wirtschaftseliten, welche für die Armut, das Elend und die Kriege in der 3. Welt verantwortlich sind. Eine schlimmere Beleidigung der einstigen Kampfgefährten ist kaum denkbar. Offensichtlich stellt Klar die ehemaligen Verbündeten bloß, um ihnen ihre Glaubwürdigkeit zu rauben und ihr Ansehen in der linken Szene zu beschädigen.

**Schulz** sieht im Gegensatz zu Klar das Problem der Armut und der armen Unterschichten in Westeuropa deutlicher:

> „Der sogenannte ‚Solidarpakt', bei dem schon die Entwürfe in der Schublade liegen, die in Ost- und West(Deutschland) eine weitgehende Deklassierung weiterer breiter Teile der Bevölkerung planen, die viele aus vielen gesellschaftlichen Schichten in einen ökonomischen und sozialen Verarmungsprozess drücken wird. [...] Während gleichzeitig von oben ‚von den einen' die Gelder für soziale Projekte gestrichen werden – wie Treffpunkte für Jugendliche, für ältere Menschen, Behinderteneinrichtungen, Obdachlose, fortschrittliche ‚Antipsychiatrie'-Projekte, besetzte Häuser ..., werden von unten ‚den anderen' dazu Brandbomben und Totschlägertrupps ‚geliefert', in Aktion gesetzt."[19]

Schulz bemängelt in ihrer Aussage letztlich den radikalen Abbau des Sozialstaats, die Streichung von Fördergeldern für progressive Projekte und die damit verbundene Benachteiligung von sozial Schwachen, Minderheiten und Kranken.

Heute kann man diese Art der Kritik im gesamten legalen linken politischen Spektrum vernehmen. Die Linke bzw. Partei des Demokratischen Sozialismus (PDS), Teile der SPD und Gewerkschaften erheben heute ähnliche Äußerungen wie Schulz, ohne dabei dem Generalverdacht des Antidemokratischen ausgesetzt zu sein.

---

[18] Edition ID-Archiv, S. 246.
[19] ID-Archiv, S. 181.

Die weiteren Aussagen von Schulz kann man hingegen nicht ohne weiteres im gesellschaftlichen Mainstream wiederfinden. Schulz unterstellt nämlich, dass der Sozialbbau durch eine Rechtsradikalisierung der Gesellschaft mit Phänomenen wie rechter Gewalt gegen Andersartige begleitet würde. Darin impliziert sie die Behauptung, dass der Staat die Gewalt von rechts in seinem Sinne steuern würde.

Es gibt auch heute wichtige Personen des öffentlichen Lebens, die das Ganze ähnlich sehen. Ein der SPD nahestehender Autor aus Stuttgart - Wolfgang Schorlau - stellt in seinem Roman „Das München-Komplott" durchaus einen Zusammenhang von sozialer Verarmung und gewalttätiger Unterdrückung von rechts her, die zwar nicht vom Staat, aber durch die Geheimdienste gesteuert wird.

**Rico Prauss**, ein Gefangener aus dem Widerstand, glaubt sogar zu erkennen, dass US-amerikanische Verhältnisse wie das Phänomen der Ghettoisierung in Deutschland Einzug halten:

> „Hat ja die verzweifelte Explosion in den Ghettos der USA gerade noch einmal deutlich gemacht – das orientierungslose Moment darin, seine tragische Gewalttätigkeit, ist ja auch die Folge der Zerschlagung schwarzer authentischer Selbstorganisation – und damit der sozialen Bindung, des politischen Bezugs, die die US-Regierung betrieb, weil sie die Widersprüche nicht lösen wollte. Momente dieser Entwicklung sind längst hier in Deutschland angekommen. Das fängt die bürgerliche Gesellschaft nicht mehr auf, und niemand außer uns schafft den Pol und die Werte, in dem das außerhalb bierselig-männlicher oder technokratisch-‚hygienischer' Barbarisierungsprozesse zu einem Anziehungspunkt für Menschen wird."[20]

Prauss verlagert die Lösungskompetenz für die Probleme der zunehmenden sozialen Verarmung ausschließlich in die Hände der radikalen Linken, denn nur hier sind gelungene und nachhaltige Lösungen für die Menschen und ihre Probleme zu erwarten.

Prauss lehnt in jedem Fall Versuche ab, in denen Lösungen sozialer Fragen durch oberflächliche männliche Kumpanei oder aber bürokratisch-technokratische Ansätze herbeigeführt werden.

Bürokratische und technokratische Ansätze der Armutsbekämpfung sind seiner Meinung nach ungünstig für den Menschen und dienen nur dem System. Nur die Linke kann nach Prauss die notwendigen Werte und die Anziehungskraft ausstrahlen, welche den Menschen Perspektive und tatsächliche Unterstützung gibt.

---

[20] Edition ID-Archiv, S. 30.

*d) Ausrichtung der Ideologie und Strategie*

Die Hardliner halten nicht stur am bewaffneten Kampf fest - sie sind durchaus in der Lage, hierzu differenzierte Positionen einzunehmen.

Bei den Hardlinern fand ein grundlegender Überlegungsprozess über den bewaffneten Kampf und seine Bedeutung in der Zeit nach dem Kalten Krieg - also einer vollständig veränderten geostrategischen Gesamtlage - statt.

Am Ende dieses Nachdenkens gab es schließlich bei einigen der Hardliner neue Einsichten, welche den bewaffneten Widerstand nicht in den Mittelpunkt aller Überlegungen stellten.

**Mohnhaupt** stellt zur Bedeutung des bewaffneten Kampfs in der Nachwende-Zeit fest:

> „Aber heute kann die bewaffnete Aktion hier diese strategische Funktion nicht mehr haben, gar nicht mehr erreichen, weil es die strategische Gesamtkonzeption nicht mehr gibt. Sie trifft die veränderte Wirklichkeit nicht mehr. Die Auseinandersetzungen sind so viele geworden, die alle gleichzeitig nach Lösungen verlangen, dass die „zentrale Perspektive", wie sie historisch entwickelt war, die neu entstandenen Bedingungen nicht mehr erfassen kann."[21]

Mohnhaupt rechtfertigt den Kampf der RAF vor der Wende aus der Bipolarität und der Blockbildung des Kalten Krieges heraus. Für sie gab es damals eine strategische Gesamtkonzeption und zentrale Perspektive, welche im gemeinsamen Angriff (der revolutionären Bewegungen) gegen das imperialistisch-kapitalistische Staatensystem bestand. Der bewaffnete Kampf war schon alleine dadurch für sie gerechtfertigt.

Gleichzeitig befand sich die RAF – so Mohnhaupt weiter - im weltweiten Kampf auf der Seite der kommunistischen Befreiungsbewegungen. Insofern ist für Mohnhaupt die Ideologie und Strategie der RAF zum damaligen Zeitpunkt absolut gerechtfertigt und nicht hinterfragbar gewesen. Die kommunistische Weltanschauung befand sich damit in einem groß angelegten historisch-kulturellen Kontext und stellte eine reale Perspektive dar.

Nun fragt Mohnhaupt aber kritisch, ob vor dem Hintergrund der alles auf den Kopf stellenden weltpolitischen Veränderungen, die o.g. Sichtweise noch ihre Berechtigung besitzt und am bewaffneten Kampf weiterhin festgehalten werden kann.

---

[21] Edition ID-Archiv, S. 198.

Die von Mohnhaupt vertretene Sichtweise für die Zeit des Kalten Kriegs besitzt nach der Wende keine Gültigkeit mehr, da es nun kein wichtiges kommunistisches Gegengewicht zum kapitalistischen System gibt. Insofern scheint eine sinnvolle Perspektive aus Sicht der Hardliner für eine RAF-Strategie und Ideologie der Zukunft schwierig zu sein. Der bewaffnete Kampf als Kernstück der Ideologie und Strategie der Zukunft ist somit für die Hardliner schwierig bis unmöglich geworden.

**Pohl** erteilt dem bewaffneten Kampf keine generelle Absage, wenngleich seine Begründung überrascht:

> „Wenn es denn heute soweit ist, wie dieses Staatsschutzprodukt eines kurzzeitigen Zusammentreffens kommt, dass sie glauben, die Ernte der letzten 2 Jahre einfahren zu können und jedem die Pistole auf die Brust zu setzen und nach seiner Aussage zum „bewaffneten Kampf" abzufragen, dann kann ich ihnen auch gleich antworten: ich mache diese politische Aussage, die ich in den letzten Jahren vertreten habe, heute nicht mehr. Das ist heute überhaupt keine Aussage mehr. Die Möglichkeit, die in der Zäsur gesteckt hat, dürfte vorbei sein. Die bewaffnete Aktion und die Militanz werden einfach in unterschiedlichen politischen und gesellschaftlichen Konfrontationen und in allen möglichen Formen stattfinden. Egal, was die RAF und die Gefangenen sagen. Und das werde ich in manchem bestimmt gut nachvollziehen können. Deshalb werde ich einen Teufel tun, den bewaffneten Kampf „abzusagen"."[22]

Helmut Pohl lehnt es offensichtlich ab, einzuknicken und dem bewaffneten Kampf abzuschwören. Dies geschieht aber nicht - wie zunächst anzunehmen wäre - aus der Überlegung heraus, den bewaffneten Kampf als RAF und linksextremistische bewaffnete Fundamentalopposition wieder aufzunehmen.

Vielmehr geht Pohl wohl davon aus, dass die RAF und die politischen Gefangenen in Zukunft ihren politischen Einfluss verlieren und keine Rolle mehr spielen werden.

Pohl unterstellt außerdem, dass in der deutschen Gesellschaft zahlreiche politische und gesellschaftliche Kämpfe stattfinden werden, welche nicht in direktem Zusammenhang mit der RAF stehen.

Darin ist die Annahme beinhaltet, dass sich die Militanz und offene Auseinandersetzung in Zukunft auf eine viel breitere gesellschaftliche Grundlage stützen können.

Pohl erwartet also, dass sich die Anliegen der RAF auf einer breiten gesellschaftspolitischen Basis erkämpfen und umsetzen lassen. Dies

---

[22] Edition ID-Archiv, S. 226.

muss aber nicht unbedingt unter der Führung der RAF geschehen. Pohl geht somit davon aus, dass die Ziele der RAF und die Ziele der unteren Schichten deckungsgleich sind.

Nachdem Pohl von einer breiten Masse, die sich gegen den Staat auflehnt, ausgeht, verliert die RAF ihr politisches Gewicht.

Insofern benötigt die RAF nach Pohl weder eine Ideologie noch Strategie für die Zukunft, da sie von den gesellschaftspolitischen Ereignissen überholt werden wird und fortan keine Existenzberechtigung bzw. keine Bedeutung mehr besitzt.

Happe und Hanka werfen der in Freiheit handelnden Kommando-Ebene der RAF nach dem Anschlag auf den Gefängnisneubau von Weiterstadt vor, eine falsche taktische und strategische Orientierung zu besitzen. Der Vorwurf lautet genauer, dass sie den bewaffneten Kampf nur als Druckmittel gegen den Staat in Sachen Gefangenenfrage benutzten.

Die RAF hatte ja in ihrer April-Erklärung die Aussetzung tödlicher Attentate bekannt gegeben, sich aber das Recht vorbehalten, bei bestimmten politischen Entwicklungen zur bewaffneten Politik zurückzukehren. Beim Anschlag gegen den Gefängnisneubau in Weiterstadt waren keine Menschen zu Schaden gekommen. Kurz vor der Eröffnung wurde er aber durch eine riesige Explosion in Schutt und Asche gelegt.

Die RAF hatte somit gegenüber dem Staat ein Drohpotential aufgebaut - welches sich letztlich natürlich auch gegen Menschen richtete. In jedem Fall wurde der Staat durch das Attentat in seiner Funktion als Ordnungs- und Kontrollmacht angegriffen.

**Happe** und **Hanka** schreiben zum Anschlag von Weiterstadt und dem damit verbundenen Auftreten der RAF:

> „Weiterstadt steht genau in dem Kontext […] es ist nicht nur politisch ganz grundsätzlich einfach falsch, taktisch so mit dem bewaffneten Kampf zu hantieren, um ihn letztendlich nur noch als Druckmittel für uns Gefangene aufrechtzuerhalten – ohne dass er seine eigene Bestimmung hat -, sondern zudem auch ein völliger Trugschluss, zu erwarten, das würde irgend was anderes „bringen", als die noch weitere Verschärfung der Geiselhaft."[23]

Der Anschlag ist für Hanka und Happe offensichtlich widersinnig, da er nur für eine Verschärfung der Haftbedingungen sorgt.

---

[23] Edition ID-Archiv, S. 251.

**Mohnhaupt** unterstützt die von Happe und Hanka eingeschlagene Richtung, wenn sie sagt:

> „Diese Verknüpfung hat sich auf beides – auf die politische Durchschlagskraft des Schritts der RAF und den Sinn seiner Neubestimmung genauso wie auf die Anstrengung, endlich einen Einschnitt in der Staatspolitik gegen die Gefangenen zu erkämpfen – im schlechten ausgewirkt, weil sie beidem den politischen Inhalt entzogen oder ihn jedenfalls verwischt hat."[24]

Auch hier findet keine Neubestimmung der revolutionären Politik und Strategie statt. Mohnhaupt wirft der RAF darüber hinaus vor, außerhalb der Frage um die politischen Gefangenen keinen eigenen politischen Inhalt mehr zu haben. Ein solches Urteil aus den eigenen Reihen ist für eine Bewegung wie die RAF, die sich als genuin politische Bewegung versteht, vernichtend.

Mohnhaupt, Happe und Hanka verurteilen folglich die Strategie und Taktik der RAF, da diese die Gefangenenfrage mit der Einstellung bewaffneter Angriffe verknüpft. Damit hat sich die RAF in den Augen der Hardliner entpolitisiert. Die Hardliner sind aber nicht in der Lage, die von ihnen aufgezeigte politische und strategische Lücke zu durch eigene Inhalte zu schließen.

Haule versucht diesem Mangel abzuhelfen und erklärt vor Gericht, wie sie sich die weitere Strategie und Ideologie der politischen Gefangenen und der RAF vorstellt. Dabei fällt auf, dass sich paradoxerweise ihre Einschätzung zu einem großen Teil mit den Vorstellungen der in Freiheit agierenden RAF deckt, wie später noch zu sehen sein wird.

**Haule** führt aus:

> „Der Weg, den wir jetzt sehen und gehen wollen, auch für unsere Freiheit – und dabei ist uns bewusst, dass es ein längerer Prozess ist –, das ist die konkrete Auseinandersetzung und bewusste Verbindung mit den Kräften in der Gesellschaft, die sich nicht anpassen an die reaktionäre Entwicklung, sondern sich der Faschisierung, neuen imperialistischen Kriegen, Rassismus und sexistischer Gewalt entgegenstellen und das trotz unterschiedlicher Geschichte und politischer Arbeit mit uns zusammen wollen. [...] Sie werden ihre Politik nur ändern, wenn gesellschaftliche Kräfte sich massiv dagegen stellen und die Bestimmung über die sozialen und politischen Entwicklungen nicht den Reaktionären überlassen."[25]

Im Gegensatz zur RAF (vgl. unten) grenzt Haule den Kreis der gesellschaftlichen Kräfte stark ein, mit denen sie paktieren möchte. Ausdrü-

---

[24] Edition ID-Archiv, S. 197.
[25] Edition ID-Archiv, S. 289.

cklich handelt es sich dabei nur um gesellschaftliche Kräfte, die dem System kritisch und außerdem handelnd gegenüber stehen. Haule möchte jedenfalls die Politik der RAF auf eine breitere gesellschaftliche Basis stellen, um mehr politische Durchschlagskraft zu entwickeln. Diese Einschätzung ist beinahe identisch mit derjenigen der RAF-Kommandoebene.

*e) Bewertung Gefangenenfrage/Kinkel-Initiative*

Entscheidend für die Bewertung der Gefangenenfrage und Kinkel-Initiative ist aus Sicht der Hardliner die Einschätzung, wer als geistiger Urheber des Ganzen erkannt wird.

**Klar** packt auch hier seine Ansicht in Worte, welche an Deutlichkeit kaum zu wünschen lassen:

> „Anfang des Jahres kam die Koordinierungsgruppe für Terror, die in Wiesbaden alle die Repressionsapparate zusammenführt, die seit der alten Gestapo getrennt bleiben sollten, mit einer Sache raus, die als neue Haltung des Apparats in der Gefangenenfrage gelten soll. Der damalige Bundesjustizminister präsentierte das für die Öffentlichkeit, und seitdem hieß das „Kinkel-Initiative"."[26]

Klar wirft dem deutschen Staat vor, auf rechtswidrige Weise Geheimdienste zusammengelegt zu haben, die nach den erschütternden Erfahrungen der NS-Zeit hätten getrennt bleiben sollen.

Von diesem Super-Geheimdienstgremium stamme – so Klar weiter – die staatliche Initiative, welche dann vom Bundesjustizminister Kinkel medienwirksam an die Öffentlichkeit gebracht worden ist.

Die Hardliner lehnen das Angebot zum Dialog von Seiten des Staates ab, da sie ihm Unaufrichtigkeit unterstellen.

Ein Angebot, welches von den Geheimdiensten auf den Weg gebracht worden ist, kann – dies ist aus Klars Aussage deutlich ersichtlich - nicht aufrichtig gemeint sein und die vorhandenen Interessen der RAF und politischen Gefangenen berücksichtigen.

**Mohnhaupt** geht bei der Verurteilung der KGT noch einen Schritt weiter als Klar, wenn sie behauptet:

> „Die KGT [Koordinierungsgruppe Terrorismus, Ch.K.] ist die operative Koordinierung von politischen und Staatsschutzapparaten, ein extralegaler Zusammenschluss zu mehr Effizienz, schnelleren, abgestimmte-

---

[26] Edition ID-Archiv, S. 159.

ren Entscheidungen, die dann von allen Ebenen getragen und umgesetzt werden. Entscheidungen wie die Kinkel-Initiative."[27]

Damit unterstellt die Chefin der zweiten RAF-Generation dem deutschen Staat eine unlautere Verschränkung von Politik und Staatsschutzbehörden, wie sie vom Gesetzgeber her nie bestimmt gewesen ist.

Der Begriff extra-legal verdeutlicht, dass Mohnhaupt die Koordinierungsgruppe Terrorismus (KGT) als außerhalb des Rechtsraums handelnd ansieht. Damit fehlt der KGT die gesetzliche Basis.

Aus dem Verständnis der deutschen Geschichte heraus – so Mohnhaupt - hätte niemals eine solche Organisation nach den schrecklichen Erfahrungen der NS-Herrschaft existieren dürfen.

**Heißler** sieht das Ziel der Kinkel-Initiative darin, die Auflösung der RAF und des bewaffneten Kampfs herbeizuführen:

> „Das Jahr 92 begann mit dem Lancieren der KGT-Initiative in die Öffentlichkeit, deren Kern das In-Aussicht-Stellen der Freilassung einiger politischer Gefangener war unter dem Vorbehalt, dass die RAF auf Operationen verzichtet, und mit dem Ziel, dass sich an unserem Kampf um unser Leben gegen die menschenzerstörerischen Bedingungen keine politischen Prozesse mehr entwickeln, um so der Guerilla das Wasser abzugraben. Sie war und ist die Umsetzung der Lochte-These: Ohne Gefangenen keine RAF, die von bestimmten Liberalen und ‚linken' Kreisen übernommen wurde."[28]

In Heißlers Aussage sind interessante Annahmen enthalten. Er geht davon aus, dass die KGT-Initiative zur Freilassung der politischen Gefangenen nur dann gültig ist, wenn die RAF den bewaffneten Kampf einstellt.

Diese Unterstellung würde aber der KGT und RAF ein Verhandeln und Paktieren unterstellen, das m.E. an keiner Stelle belegt ist. Sowohl die KGT als auch die RAF haben immer bestritten, in direkten Verhandlungen miteinander gestanden zu haben.

Heißler sieht zudem einen deutlichen Zusammenhang zwischen der Existenz der RAF und der Frage der politischen Gefangenen. Zwar schiebt er zunächst diese Einsicht liberalen und legalen linken Kreisen zu, dennoch scheint er dieser Sichtweise selber einen gewissen Wahrheitsgehalt nicht aberkennen zu können: Wenn es die Frage der politischen Gefangenen nicht mehr gibt, dann hat sich das Problem der RAF

---

[27] Edition ID-Archiv, S. 203.
[28] Edition ID-Archiv, S. 174.

von alleine gelöst. Diese Aussage gilt nach Heißlers Selbstverständnis allerdings nur für die 3. RAF-Generation nach dem Zusammenbruch des kommunistischen Blocks.

Aus dieser Sichtweise heraus kann man durchaus von der RAF als Gefangenen-Befreiungsorganisation sprechen. Diese Entwicklung kann Heißler natürlich nicht gut heißen, da er als ehemaliger RAF-Kämpfer die RAF als politische Organisation versteht. In der Summe unterstellt Heißler der Kinkel-Initiative und der KGT einen Entpolitisierungsversuch der RAF, welcher schließlich zu deren Auflösung führen soll.

Somit lässt sich bisher festhalten: An den Einzelheiten der Kinkel-Initiative wurde von den Hardlinern kein gutes Haar gelassen. Vermutlich war es den Hardlinern bereits ein Dorn im Auge, dass wichtige Personen aus Politik, Wirtschaft und Gesellschaft bei der Kinkel-Initiative beteiligt sein sollten.

Ingnaz Bubis und Edzard Reuter sollten demnach die Vermittlerrolle zur Politik (hier: Helmut Kohl, Sabine Leutheusser-Schnarrenberger und Wolfgang Schäuble) spielen.

**Klar** greift die Gedanken der Reformer auf und skizziert das Szenario der Gesamtlösung - vor dem Hintergrund der Kinkel-Initiative - aus seiner Sicht wie folgt:

> „Eine „Gesamtlösung" wird vorgeschlagen, die so aussehen soll: für die Illegalen [RAF-Kommandoebene, Ch. K.] zugestandenes Exil oder kurzer Knast und anschließende Legalisierung – zuvor solle jedoch geklärt sein, was aus den Gefangenen werde, die „Verhandlungslinie" entwirft Dellwo [Reformer, Ch. K.], indem er sich staatliche Ordnungssorge aufsetzt und die Vorzüge einer „Repolitisierung des Staatsverhältnisses" ausmalt. Die Rolle stärkster Initiative für die Gesamtlösung wird bei den deutschen Wirtschaftseliten vermutet und erwartungsvoll beschworen. Kohl wird das Angebot angedient, dass dieser so doch vor den nächsten Wahlen als derjenige glänzen könnte, der „das Problem" erfolgreich beendet hätte."[29]

Klars Urteil ist in jeglicher Hinsicht vernichtend. Zunächst beschreibt er aber nur die Inhalte der Kinkel-Initiative. Klar geht davon aus, dass nach dem Plan der KGT die aktive RAF ins Exil gehen kann oder kurze Haftstrafen verbüßen muss. Das Schicksal der politischen Gefangenen ist für ihn hingegen offen.

Problematisch ist das aus Klars Perspektive Beschriebene, wenn er hinterfragt, um welchen Preis dies erkauft werden soll. Er identifiziert

---

[29] Edition ID-Archiv, S. 243.

Karl-Heinz Dellwo als geistigen Vater des Deals und Anführer der Reformer. Klar unterstellt Dellwo sogar eine staatliche Ordnungssorge. Damit wirft Klar Dellwo vor, mit fliegenden Fahnen in das Lager des Gegners gewechselt zu sein und die eigene Geschichte verraten zu haben.

Klar stört sich am meisten am Begriff Repolitisierung des Staatsverhältnisses. Für eine Terrororganisation wie die RAF kann wohl ein politisches Verhältnis zum Staat nur im bewaffneten Kampf bestehen. Ansonsten verrät die RAF ihre eigenen politischen Ziele, ihre Identität und ihre Geschichte.

Die Wirtschaft ist für Klar der Initiator der Verhandlungen, da diese am meisten unter den Attentaten der RAF zu leiden hatte. Der letzte RAF-Anschlag, das Rohwedder-Attentat, lag noch nicht lange zurück.

Die Wirtschaft versucht nun ihrerseits – so spinnt Klar den Faden weiter -, der Politik die Kinkel-Initiative schmackhaft zu machen, damit diese dann wahlwerbewirksam die Beseitigung des historisch-politischen Problems RAF verkünden könnte.

Die RAF und die politischen Gefangenen werden somit Objekt von Politik und Wirtschaft anstatt als selbstbestimmtes, freies Subjekt ihr eigenes Handeln zu bestimmen. Folglich sieht Klar die RAF nur noch als willenlosen Spielball fremder Mächte.

Insgesamt lehnen die Hardliner also die Kinkel-Initiative vollständig ab.

**3.2 Die Reformer**

Der Kern der Reformer bestand hauptsächlich aus Mitgliedern der RAF-Gruppe, welche 1975 die deutsche Botschaft in Stockholm/Schweden überfiel. Die Reformer betonten immer wieder ihre Nähe zu den Positionen der in Freiheit agierenden RAF-Kommandoebene. Als Birgit Hogefeld in Bad Kleinen verhaftet wurde und Gefangene wurde, bezog sie unmittelbar auf Seiten der Reformer Stellung, bevor sie sich schließlich im Prozess vom bewaffneten Kampf der RAF lossagte. Hogefeld verzichtete im Strafprozess auf die sonst übliche politische Verteidigung, d.h., dass sie ihre möglichen Taten nicht politisch zu rechtfertigen versuchte. Vielmehr agierten Hogefeld und ihre Verteidigung im konventionellen Rahmen der Strafprozessordnung.

Am 24. April 1975 verschafften sich Karl-Heinz Dellwo, Lutz Taufer und Bernhard Rößner, Hanna Krabbe, Siegfried Hausner und Ulrich Wessel Zutritt zum deutschen Botschaftsgebäude in der schwedischen

Hauptstadt Stockholm. Die Terroristen legten Sprengladungen und trieben die Geiseln – v.a. Botschaftsangehörige - in wenigen Zimmern der Botschaft zusammen.

Die Verhandlungen der Terroristen mit der schwedischen Polizei und der deutschen Politik scheiterten. Die deutschen Politiker fuhren im Gegensatz zur Entführung des Berliner CDU-Spitzenpolitikers Peter Lorenz durch die Bewegung 2. Juni eine harte Linie.

Bei der RAF-Aktion in Stockholm hatte es nämlich alsbald Tote gegeben. Tote bei terroristischen Aktionen bildeten fortan für die Bundesregierung ein Ausschlusskriterium, um mit Terroristen überhaupt in ernsthaft gemeinte Verhandlungen einzusteigen. Dies zeigte sich auch später in aller Deutlichkeit bei der Schleyer-Entführung. Die RAF richteten Schleyers Leibwächter und seinen Fahrer während des Überfalls hin. Bereits an diesem Punkt war klar, dass die Bundesrepublik Deutschland nie ernsthaft mit der RAF um Schleyers Freilassung verhandeln konnte.

Beim RAF-Überfall in Stockholm wurden nämlich der Militärattaché und der Wirtschaftsattaché der deutschen Botschaft von den RAF-Terroristen regelrecht öffentlichkeitswirksam hingerichtet, um den von den Terroristen gestellten Forderungen und Ultimaten Nachdruck zu verleihen.

Schließlich detonierten im Botschaftsgebäude die Sprengladungen. Dabei gab es mehrere Tote und Verletzte. Die Ursache der Explosion ist bis heute nicht wirklich geklärt. Vermutlich brachten die Terroristen den Sprengstoff durch ein Versehen zur Explosion.

Auch bei der RAF forderte die ungewollt herbeigeführte Explosion ihre Opfer. Wessel starb noch am selben Tag in Stockholm, Hausner konnte schwerverletzt nach Deutschland transportiert werden. Dort starb er dann allerdings knapp 10 Tage nach der Botschaftsbesetzung an den Folgen seiner Verletzungen.

Zwei der RAF-Überlebenden dieser Botschaftsbesetzung sind die seit 1975 in Haft sitzenden Terroristen Dellwo und Taufer. Sie gelten als die geistigen Väter und Wortführer der Reformer.

Knut Folkerts, der erst 1977 in Amsterdam nach einem Schusswechsel mit der Polizei verhaftet wurde, gehört auch zum engeren Kreis der Reformer dazu. Diese Konstellation ergab sich vermutlich erst durch die gemeinsame Inhaftierung der drei in der Justizvollzugsanstalt (JVA) Celle. Die Reformer wurden aufgrund ihres Inhaftierungsorts immer wieder die Celler Gefangenen genannt.

*a) Beurteilung der RAF-Geschichte*

Es ist beinahe selbstverständlich, dass auch die Partei der Reformer die Geschichte der RAF nicht durchweg negativ beurteilt. Dies widerspricht auch nicht unbedingt dem Anliegen der Reformer, sich für Änderungen hinsichtlich der bewaffneten Politik auszusprechen.

Die Entscheidung in der RAF bewaffnet zu kämpfen, hatte ja schließlich jeder der Reformer einmal für sich getroffen. Damit einher geht die Vermutung, dass die Reformer die Entscheidung für den bewaffneten Kampf zu einem Zeitpunkt in ihrem Leben als notwendig erachtet haben.

Die ehemaligen RAF-Kämpfer **Dellwo**, **Taufer** und **Folkerts** treibt zunächst in diesem Sinne die Sorge um, dass das System die Erinnerung an den bewaffneten Kampf auslöschen möchte:

„Sie wollen uns und unsere Geschichte nach wie vor auslöschen."[30]

Offensichtlich und verständlicher Weise wird die Geschichte der RAF in engster Verknüpfung mit dem eigenen Leben gesehen. Sie – also der Staat und seine Exekutivorgane – versuchen, so Folkerts Behauptung, die Gefangenen der RAF und die Geschichte der RAF auszulöschen.

Damit geht Folkerts beim Staat von einer radikalen und gnadenlosen Haltung aus, die angesichts der reformerischen Einstellung der so genannten Celler Gefangenen überrascht.

Zu beachten ist dabei vielleicht, dass die Reformer die Geschichte der RAF nicht abstrahiert und losgelöst vom eigenen Leben und Lebensentwurf zu sehen in der Lage sind.

**Dellwo** unterstützt Folkerts, indem er den allgemeinen linken Aufbruch in den 60er Jahren hervorhebt, betont aber gleichzeitig die Notwendigkeit, dass sich die Politik der RAF in Zukunft anders orientieren muss:

„Wir sagen aber auch: Auch wenn alles eine Neubestimmung erfahren muss – die Geschichte im bewaffneten Kampf ist Teil unseres Lebens. Er ist selber Teil des weltweiten linken Aufbruchs ab Mitte der 60er Jahre."[31]

Dellwo rechtfertigt somit zunächst einmal ohne Einschränkung die Geschichte der RAF und hinterfragt sie nicht kritisch, auch wenn er Änderungen für die Zukunft anmahnt.

---

[30] Edition ID-Archiv, S. 170.
[31] Edition ID-Archiv, S. 166.

Dellwo verknüpft also ebenso wie Folkerts das eigene Leben mit dem gesamten Kampf der RAF und findet beides gerechtfertigt.

Die allgemeine Rechtfertigung der RAF-Geschichte liegt für Dellwo wie Folkerts im weltweiten linken Aufbruch ab Mitte der 60er Jahre.

Inhaltlich ist damit überhaupt noch nichts gesagt. Vielmehr bezieht sich Dellwo lediglich auf eine – von ihm sehr einseitig dargestellte – gesellschaftspolitische Tendenz zu einem bestimmten Zeitpunkt.

Reformer und Hardliner teilen folglich die Ansicht, dass der militant-radikale Aufbruch der Linken Ende der 60er Jahre und die bewaffnete Politik der RAF ohne Einschränkung gerechtfertigt sind. Kritik an der RAF-Geschichte wird nur an einzelnen Aktionen laut.

Taufer sieht solch einen markanten und kritischen Punkt der RAF-Geschichte in der Lufthansa-Entführung „Landshut" von 1977, die mit der Erschießung der palästinensischen Terroristen in Mogadischu durch die Grenzschutzeinheit 9 (GSG 9) und der Befreiung der Urlauber endet.

Diese Unterstützungsaktion der Palästinenser sei damals – so Taufer - von den politischen Gefangenen wie Baader, Ensslin und Raspe vehement kritisiert worden, da sie sich direkt gegen das (deutsche) Volk gewendet habe.

Eine Fortschreibung dieses Irrtums war laut Taufer die Ermordung des amerikanischen GIs Pimental. Die RAF richtete einen einfachen US-Soldaten mit einem Genickschuss hin, um mit dessen Ausweis (Militär-ID) auf das Militärflughafengelände zu gelangen und dort die Autobombe zu platzieren, welche wenig später detonierte.

Dieses Attentat hatte sogar innerhalb der radikalen Linken und bei RAF-Sympathisanten für Unverständnis, Ablehnung und Kritik gesorgt. Insbesondere der Genickschuss ließ immer wieder Vergleiche mit den Methoden der Nationalsozialisten im 3. Reich aufkommen. Die RAF entblödete sich nicht, in einer Rechtfertigung gegenüber ihren Unterstützern, Pimental als einen Spezialisten der US-Flugabwehr zu stilisieren.

Bis Mitte der 80er Jahre stellt **Taufer** einen Bedeutungswandel vom Vorrang des Politischen (erste und zweite Generation der RAF) zum Vorrang des Militärischen (dritte RAF-Generation) fest:

> „Hier wird sich in den 80er Jahren, ausgehend von der Frontideologie, ein Bedeutungswandel vollziehen – die militärische Aktion wird zum Begriff des Revolutionären schlechthin, daneben gibt's auch noch politi-

sche Initiativen. Die Gründe für diese ‚Entpolitisierung' der militärischen Aktion liegen letzten Endes darin, dass das Politikbild, in dessen Rahmen wir uns in der ersten Hälfte der 70er Jahre bewegen (weltweiter Aufstand gegen das US-imperialistische System), in der zweiten Hälfte der 70er Jahre verschwimmt, ohne dass neue Grundlagen sich in ausreichender Deutlichkeit entwickeln."[32]

Taufers Kritik richtet sich v.a. gegen die dritte Generation der RAF, allerdings auch gegen Teile der zweiten Generation.

Taufer behauptet, dass der Gründer-RAF ursprünglich ein hoher politischer Gehalt inne gewohnt habe. Um den politischen Forderungen Nachdruck zu verleihen, habe die RAF zum Mittel der bewaffneten Politik - sprich Attentaten bis hin zum Mord - gegriffen.

Spätestens Mitte der 80er Jahre vollzieht sich für Taufer hier ein Bedeutungswandel. Das Frontkonzept und die damit verbundene Frontideologie erhebt den militärischen Eingriff der Guerilla zur höchsten Form des Politischen. Dies setzt Taufer mit einer Entpolitisierung der militärischen Aktion gleich. Der maßgebliche Grund liegt für ihn in der fehlenden gesellschaftspolitischen Analyse durch die RAF bzw. dem Festhalten an bereits vorhandenen Politikbildern.

Einen positiven Höhepunkt der RAF-Entwicklung sieht **Taufer** 1984/85 im Front-Hungerstreik:

„Vor dem Hungerstreik hatte es, im besten Sinn des Frontpapiers, zwischen drinnen und draußen eine Diskussion mit dem Ziel gegeben, das alte Verhältnis unselbständiger – und so materiell ineffizienter – Solidarität mit den Gefangenen aufzulösen zugunsten eigeninitiativen Handelns und Denkens. Und so erreichte die Front in dieser Zeit ihren Höhepunkt und zugleich ihre Grenzen. Während die Gefangenen drinnen kämpften, gab es draußen eine Vielfalt von Initiativen und Aktionen. Noch nie hatte es aus und in unserem Zusammenhang eine solche konzentrierte Dichte befreiend wirkender, phantasievoller, radikaler Initiativen gegeben."[33]

Taufer spielt in seinen Ausführungen u.a. auf den Widerstand an. Der Widerstand war ein aus der Rechtsgültigkeit (Legalität) operierender militärisch-logistischer Arm der RAF, der Anschläge gegen Gebäude ohne Personenschaden ausübte.

Im Umkreis des Widerstands befand sich die sogenannte Unterstützer-Szene der RAF, die sich offen für die Anliegen der politischen Gefangenen einsetzte. Die Unterstützer-Szene ermöglichte ebenso den Aus-

---

[32] Edition ID-Archiv, S. 304.
[33] Edition ID-Archiv, S. 308.

tausch zwischen Gefangenen und illegalen Kämpfern, indem sie die Gefangenen betreute und deren Botschaften weiterleitete.

Während des Hungerstreiks 1984/85 wurde von den RAF-Unterstützern eine Live-Sendung in einem SWR-Studio gestürmt und Transparente mit der Forderung nach Freiheit für die politischen Gefangenen entrollt. Die RAF-Unterstützer schmierten außerdem den Fernsehmoderatoren Mohrenköpfe in die Haare.

Zugleich fanden verhältnismäßig große Demonstrationen statt, auf welchen die Haftbedingungen gegen die politischen Gefangenen angeprangert wurden. An diesen Demonstrationen nahmen auch Personen außerhalb des engeren RAF-Unterstützer-Kreises teil.

Die neu formierte dritte Generation der RAF entfaltete 1984/85 ihre erste Offensive mit tödlichen Angriffen auf Repräsentanten aus dem militärisch-industriellen Komplex (MIK). Das französische Pendant der RAF – die Action Directe (AD) – synchronisierte in Frankreich ihre Attentate mit denjenigen der RAF. Die westeuropäische Terror-Front nahm konkrete Formen an.

Von RAF und AD wurden in der Folge gemeinsame Erklärungen in deutscher und französischer Sprache herausgegeben. Die politischen Gefangenen traten daraufhin in einen Hungerstreik. Taufers o.g. positives Fazit der Hungerstreik-Front von 1984/85 ist wohl nicht zuletzt vor dem Hintergrund der zusammengeführten Aktionen zwischen den hier (in aller gebotenen Kürze) aufgeführten Ebenen (RAF, AD, Widerstand, Unterstützer) zu verstehen.

Vier Jahre später folgte der nächste, große Hungerstreik der RAF. Dieser fand also kurz vor dem endgültigen Zusammenbruch des Ostblocks statt.

Diesen Hungerstreik von 1989 beurteilt **Taufer** als einen schwerwiegenden Einschnitt:

> „Der Hungerstreik war dann auch in mehrfacher Hinsicht ein Einschnitt. Eine breite Solidarisierung, von den radikalen Linken bis über sich bis dahin abgrenzende linke Gruppen bis hin zu gewerkschaftlichen und kirchlichen Kreisen bewirkte zum ersten Mal ein Aufbrechen der Staatsschutzblocks, ohne indes an der harten Haltung der Entscheidungsträger etwas ändern zu können."[34]

Aus dieser an sich günstigen Ausgangssituation entwickelte sich aber laut Taufer eine Spaltung in der Gruppe der politischen Gefangenen,

---

[34] Edition ID-Archiv, S. 313 f.

welche ja der wesentliche Inhalt dieses Buchs ist und zuerst den Zerfall und dann die Auflösung der RAF herbeiführte.

Der Streit zwischen der RAF und Fraktionen der politischen Gefangenen liegt darin begründet, dass über das Ziel, nämlich die Zusammenlegung und dann die Freiheit der Gefangenen, Einigkeit herrschte, zugleich aber ein erbitterter Richtungsstreit über den Weg dorthin ausbrach.

Am Hungerstreik 1989 ragt für Taufer heraus, dass sich zum ersten Mal gesellschaftlich weithin akzeptierte Gruppen wie Gewerkschaften und Kirchen für die Freilassung politischer Gefangene einsetzten. Darin liegt für Taufer wohl das Moment begründet, dass die RAF in der Gesellschaft angekommen war, d.h., dass sich ein Teil des gesellschaftspolitischen Mainstreams hinter die Forderungen der RAF und der politischen Gefangenen stellte.

Darüber hinaus stellt Taufer sogar fest, dass die Staatsschutzorgane kontrovers über den weiteren Umgang mit der RAF und den politischen Gefangenen diskutierten. Dies stellt eine neue Ausgangssituation dar, da gerade die Staatsschutzorgane aus Sicht der RAF bis dahin auf einem Vernichtungsverhältnis gegenüber der RAF und den politischen Gefangenen bestanden.

Allerdings gesteht Taufer ein, dass an der harten Haltung der politisch-administrativen Entscheidungsträger trotz des beschriebenen gesellschaftspolitischen Drucks und einer neuen Meinungsvielfalt nichts geändert wurde.

Taufers Annahme einer gesellschaftlichen Unterstützung für die Freilassung der poltischen Gefangenen gründet wohl auf einer gravierenden Fehleinschätzung, denn vielen Menschen war klar, dass sich die RAF auflösen würde, wenn es die politischen Gefangenen nicht mehr gäbe. Dem Hungerstreik von 1989 folgte also beinahe zwangsläufig ein äußerst schmerzhafter Prozess der Entfremdung und des Streits.

Im Höhepunkt der Ereignisse um die Spaltung zwischen RAF, Reformern und Hardlinern im Jahr 1992 sieht **Taufer** ein Desaster, welches sich durch politische Leere auszeichnet:

> „Die Vehemenz, mit der die Klärungsprozesse gefordert werden, ohne zu Resultaten zu kommen, entspricht der politischen Leere des Jahres 1992. Die alten, seit 20 Jahren gültigen Gewissheiten sind erschüttert und neue nicht in Sicht. In dieser Krisenzone – in der die Gefahr eines letzten Stillstands ebenso gegeben ist wie die Chance, neue Ufer zu erreichen – wird erstens von fast allen gedacht und gesagt, was 20 Jahre lang von fast niemandem gesagt wurde, und zweitens wird der Staat

initiativ. […] Entscheidend ist, dass er die Initiative in die Hand bekommt. Und so wird aus dieser Kinkel- und/oder KGT-Initiative eine Köpfe-füllende monströse Angelegenheit. Wohl wissend um den inneren Zustand der Gruppe fordert der Verfassungsschutz die Zusammenlegung, lange vor 1992 (die Gefangenen sollen sich zerstreiten) – und identifizieren Gefangene die Kinkel-Initiative sofort als Spaltungsmanöver."[35]

Die Zäsur des Jahres 1992 birgt gemäß Taufer Chancen für die RAF und eine Neubestimmung der linken Politik, aber auch die Gefahr, dass die Politik der RAF und der politischen Gefangenen im Nichts verschwindet. Es ist für ihn bemerkenswert, dass die lange Zeit geltenden linken Wahrheiten nicht mehr gültig sind und es schwirig ist, eine neue tragfähige linke Perspektive herzustellen, welche in die Zukunft weist.

In dieser Phase der Schwäche von RAF, Hardlinern und Reformern wird die Staatsseite aktiv. Damit bleibt der RAF und den politischen Gefangenen nur die Möglichkeit, in ihrem Zustand der allgemeinen Orientierungslosigkeit auf das Handeln des Staats zu reagieren.

Zwischen der Kinkel-/KGT-Initiative und der geheimdienstlichen Forderung nach Zusammenlegung der politischen Gefangenen sieht Taufer einen engen Zusammenhang.

So war es den Geheimdiensten bekannt, dass die Gruppe der politischen Gefangenen zerstritten und dass es zwischen Gefangenen und der RAF zu Spannungen gekommen war. Insofern ist die Vermutung Taufers nicht völlig von der Hand zu weisen, dass der Staat durch ein geschicktes Taktieren der RAF den Todesstoß gegeben hat.

*b) Rechtfertigung des bewaffneten Kampfes*

Im Unterschied zu den Hardlinern entwerfen die Reformer eine geschichtliche Begründung für die Notwendigkeit und Rechtfertigung des bewaffneten Kampfes. Die Hardliner hatten sich dabei im Wesentlichen auf soziologische und politologische Annahmen fokussiert.

Die Reformer entwerfen ein geschichtlich gewachsenes Bild der RAF-Entwicklung, welches den Kampf der RAF rechtfertigt, moralisch-ethisch überhöht und als unausweichlich darstellt.

So ist z.B. in einem *konkret*-Interview die Rede davon, dass die RAF eine nachholende Resistance gewesen ist:

---

[35] Edition ID-Archiv, S. 319.

„Unsere Einschätzung damals war, dass sich der Imperialismus ‚in der strategischen Defensive' befindet [...] [V]or dem Hintergrund von Auschwitz und Vietnam war es politisch und moralisch denkbar, auch mit dem Versuch des bewaffneten Kampfs in den Zentren des Imperialismus, diesem Aufstand mit allen Kräften beizutreten. Die schillernde Haltung, die Politik, Wirtschaft, Justiz und Militär zur faschistischen Vergangenheit, und die eindeutige Position, die sie für den Genozid in Vietnam einnahmen, ließ darüber hinaus die Frage offen, ob der Faschismus in Deutschland wieder hervor kriechen könnte. Der bewaffnete Kampf in der Bundesrepublik war gewissermaßen auch der Versuch einer nachholenden Résistance."[36]

Die Reformer sehen also die Bundesrepublik nicht nur als juristischen Nachfolgestaat des 3. Reichs. Sie unterstellen auch eine geistige Fortschreibung des nationalsozialistischen Erbes im Nachkriegsdeutschland.

Als besondere und nicht zu hinterfragende Rechtfertigung der bewaffneten Politik der RAF dient wohl der Vergleich mit der Resistance. Die Resistance bekämpfte die deutschen Besatzer während des 2. Weltkriegs auf französischem Boden. Die Resistance war der Versuch eines unterdrückten und besetzten Volks, die brutalen und gewissenlosen Okkupanten zu bekämpfen.

Bereits durch die territoriale Komponente wird offensichtlich, dass der Vergleich der Reformer hinkt:

- Von wem soll Deutschland besetzt gewesen sein?
- Den Deutschen?
- Den Besatzungsmächten?
- Und: Kann man die Bundesrepublik Deutschland mit dem 3. Reich und den Nazis vergleichen? Auf keinen Fall.

Ebenso problematisch ist, dass Taufer Auschwitz und Vietnam in einem Atemzug nennt.

Der Krieg in Vietnam ist sicherlich furchtbar gewesen und hat großes Leid verursacht. Aber Vernichtungslager wie Auschwitz, die zum Genozid an den Juden eingerichtet wurden, gab es in Vietnam nicht.

Für die Amerikaner war der Krieg in Vietnam gerechtfertigt. Sie wollten den demokratischen Einflussraum in Südostasien sichern und kommunistische Diktaturen mit ihren Menschen verachtenden Regimes und Todeslagern (wie bei den Roten Khmer in Kambodscha) verhindern.

---

[36] Edition ID-Archiv, S. 89.

Die Aussage von Lutz Taufer verdient noch eine eingehendere Betrachtung. In ihr werden geschichtliche Sachverhalte bunt miteinander vermischt und unterschiedlichste politische Systeme in einen Topf geworfen.

Im Einzelnen sind v.a. die folgenden Annahmen enthalten, welche es kritisch zu überlegen gilt:

- Während des 3. Reichs gab es in Deutschland keinen Widerstand.
- Das Fehlen eines Widerstands im 3. Reich stellt ein moralisch-ethisches Defizit dar, welches Widerstand im juristischen Nachfolgestaat generell rechtfertigt, auch wenn das Staatssystem ein völlig anderes ist.
- Der juristische Nachfolgestaat des 3. Reichs, die Bundesrepublik Deutschland, steht in historischer, gesellschaftlicher und kultureller Tradition des 3. Reichs und muss deshalb bekämpft werden.

Die so dargestellten Annahmen Taufers sind allesamt problematisch und nicht haltbar.

Im Folgenden wird kurz zur o.g. Behauptung Taufers der RAF als nachholender Resistance Stellung genommen:

- Im 3. Reich gab es sowohl zivilen als auch bewaffneten Widerstand gegen das Hitler-Regime. Als Beispiele für diesen Widerstand seien stellvertretend die Weiße Rose, Georg Elser, die Rote Kapelle (Zusammenfassung unterschiedlicher Widerstandsgruppen), die Verschwörung des 20. Juli um den General von Stauffenberg sowie die Swing-Jugend oder Edelweiß-Piraten genannt.
- Ein offensichtlicher Unterschied dieser Widerstandsbewegungen gegen Hitler im Vergleich zur Resistance besteht im vereinzelten und unsystematischen Vorgehen der Gruppierungen. Allerdings muss erneut darauf hingewiesen werden, dass Frankreich ein besetzter Nationalstaat war und die Resistance sich also gegen die deutschen Besatzer wandte und eine national-französische Bewegung war.
- Ob das Fehlen eines umfassenden Widerstands gegen Hitler als moralisch-ethisches Defizit auf den Nachfolgestaat übertragen werden kann, wie Taufer dies tut, ist mehr als zweifelhaft. Bei der BRD handelt es sich um einen betont demokratischen Rechtsstaat, der gerade bewusst und radikal mit dem totalitär-diktatorischen Erbe des 3. Reichs gebrochen hat.

- Gerade aus den Fehlern des 3. Reichs wollte die Bundesrepublik Deutschland lernen. Das Grundgesetz (GG) – die bundesrepublikanische Verfassung – ist nachgerade darauf ausgerichtet, dass sich etwas wie der Nationalsozialismus nie mehr wiederholt. Insofern stellt der Vergleich Taufers eine Verleumdung der Bundesrepublik Deutschland und einen verzweifelten Versuch dar, das eigene Tun, nämlich bewaffnete Politik gegen einen demokratischen Staat zu führen, zu rechtfertigen.

Wie die Hardliner, so rechtfertigen auch die **Reformer** ihre Entscheidung bewaffnet zu kämpfen aus einer politischen und geostrategischen Gesamtentscheidung heraus:

„Damals [in den 70ern] dachten und kämpften wir als Teilnehmer eines weltweiten Aufstands gegen das US-imperialistische Weltsystem. Die Welt war zweigeteilt, die Sowjetunion zwang dem Imperialismus ein globales Kräfteverhältnis auf, das seinen Bewegungsspielraum gegenüber den Völkern und Befreiungsbewegungen des Trikonts beschnitt."[37]

Das bipolare Kräfteverhältnis auf der Welt schien der Ansporn und die Rechtfertigung zu sein, bewaffnet in den Kampf um gesellschaftspolitische Zustände eingreifen zu können. Es drängt sich einem der Eindruck auf, als ob für die RAF als Berechtigung bewaffnet zu kämpfen das Wissen ausreicht, dass sie einen starken Verbündeten hat.

Im Zitat wird ein weiterer Feind der RAF benannt. Der US-Imperialismus verkörpert für die RAF die Perfektion des Kapitalismus. Diese Wirtschaftsform ist für die RAF zu verurteilen, da sie sich nicht an den Bedürfnissen des Menschen, sondern an der Profitmaximierung orientiert.

Mit dem Kapitalismus verbindet sich die Staats- und Gesellschaftsform der westlichen Demokratie. Allerdings sieht die RAF die westliche Demokratie nicht als ideale Staatsform an, da die mit ihr verbundene Form der Wirtschaftsordnung (Kapitalismus) verwerflich ist.

Der US-Imperialismus bedeutet nun für die RAF, dass die politischen (westliche Demokratie) und wirtschaftlichen (Kapitalismus) Systemformen aggressiv ausgerichtet sind und mit militärischen Mitteln gewaltsam in die Welt exportiert werden.

Folglich sieht die RAF alle militärisch-politischen Konflikte der USA unter diesen Vorzeichen.

Dabei unterschlägt sie aber, dass die Sowjetunion ebenso ihre politischen (Kommunismus) und wirtschaftlichen (Zentralverwaltungswirt-

[37] Edition ID-Archiv, S. 88.

schaft bzw. Planwirtschaft) Systeme militärisch und durchaus nicht nur gewaltfrei in die Welt exportiert.

Die USA und die Sowjetunion befanden sich zu Beginn der 70er Jahre im Kalten Krieg, der zum Glück für die Menschheit nie heiß geworden ist (vgl. dazu das Einleitungskapitel).

In Vietnam fand Ende der 60er bis Mitte der 70er Jahre ein so genannter Stellvertreterkrieg innerhalb des Kalten Krieges statt. Die USA unterstützten das westlich orientierte südvietnamesische Regime und China (und die UDSSR) den kommunistisch ausgerichteten Norden des Landes. Die bundesdeutsche Linke und die RAF bezogen ohne Wenn und Aber Stellung gegen die Amerikaner, da sie diesen die Ausrottung des nordvietnamesischen Volks vorwarfen.

*c) Analyse des Staats und der Gesellschaft*

Konnte man bei den obigen Teilkapiteln bedeutende Schnittmengen zwischen Hardlinern und Reformern feststellen, so trifft dies auch für die Analyse des Staats und der Gesellschaft zu, wie sich im Folgenden zeigen wird.

So teilt **Taufer** die Einschätzung der Hardliner, dass die deutsche Gesellschaft im wiedervereinigten Deutschland Gefahr läuft, wieder dem Faschismus und Nationalsozialismus zu erliegen:

> „Und wenn heute eine Re-Faschisierung läuft, dann breitet sie sich aus in jenem politisch-kulturellen Vakuum, das diese Linke in ihrem Rückzug aus einer gesamtgesellschaftlichen Verantwortung und Neusetzung von Werten und Einstellungen hinterlassen hat. Die Welt, nicht zuletzt die westlichen Systeme, befinden sich in einem sich beschleunigenden Prozess der Implosion, der vermutlich von ähnlicher Dimension sein wird wie der Übergang vom Mittelalter zur Neuzeit."[38]

Taufer sieht den Grund für eine zunehmende Faschisierung der deutschen Gesellschaft darin, dass sich die Linke und dadurch auch ihre Werte aus dem gesellschaftlichen Raum zurückgezogen haben. Insofern sei – so Taufer weiter - eine Leerstelle entstanden, die nun durch faschistische Tendenzen gefüllt würde.

Damit schreibt Taufer die Verantwortung für den Rechtsruck in der deutschen Gesellschaft letztlich der Linken zu. Dieser Befund verknüpft sich mit dem Aufruf, als Linke wieder aktiv zu werden, um den Rechten den Boden zu entziehen und sie zurückzudrängen.

---

[38] Edition ID-Archiv, S. 187.

Weltgeschichtlich sieht Taufer die Welt vor einem Prozess des Zerfalls und Übergangs, den er mit dem Übergang vom Mittelalter zur Neuzeit beschreibt. Allerdings gibt er hierfür keine Belege, d.h., dass eine Begründung hierfür nicht vorhanden ist.

**Taufer** sieht folglich den Kampf gegen den Faschismus als eine der wichtigsten gesellschaftspolitischen Aufgaben an, die für die Linke, aber auch die ganze Gesellschaft eine Herausforderung darstellt:

> „Am wichtigsten scheint mir aktuell eine möglichst breite Front gegen die Gefahr von Faschismus. Eine Frage, die unausweichlich auf uns zukommen wird, spätestens dann, wenn es in dieser Entwicklung einen noch bedrohlicheren Sprung geben wird. So jedenfalls die Erfahrungen aus der Geschichte. […] Diese Faschisierung ist aber nur der unverstellte Klartext des neoliberalen Wolfsgesetzes. Antifaschistischer Kampf ist notwendig, soweit ich das von hier sehen kann, hat er eine Kraft und eine Wirkung entwickelt, die ihn legitimiert, aber doch ist er ohne Schutzwirkung gegenüber der Zerstörungsdynamik des neoliberalen Totalitarismus."[39]

Taufer geht davon aus, dass die faschistische Bewegung in der deutschen Gesellschaft deutlich Zulauf gewinnen wird. Die Begründung hierfür sieht er in der geschichtlichen Erfahrung, die aus dem 3. Reich und Nationalsozialismus gewonnen worden ist.

Interessant ist die Begründung, die Taufer für den aktuellen Faschismus liefert. So stellt er die These auf, dass der Neoliberalismus den wesentlichen Grund für diese Art von Faschismus darstellt. Diesen Zusammenhang belegt er aber nicht. Insofern bleibt es im Dunkeln, wie Taufers Behauptungen zu verstehen sind. Der Zusammenhang zwischen der Wirtschaftsform (Neoliberalismus) und der politischen Ausrichtung (Faschismus) ist alles andere als selbsterklärend.

Insgesamt gibt es laut Taufer bereits gute Ansätze des antifaschistischen Kampfes. Allerdings habe dieser noch keine Schutzmechanismen gegen die Zerstörungsdynamik des neoliberalen Totalitarismus entwickeln können.

Offensichtlich verwischt Taufer hier mehrere Begründungs- und Argumentationsebenen. Es ist nämlich wie gesagt keinesfalls ersichtlich, in welchem Zusammenhang Neoliberalismus und Faschismus stehen und wie sie sich gegenseitig bedingen.

Im Gegenteil: Der Neoliberalismus ist am weltweiten Absatz von Waren und Gütern interessiert – unabhängig von Faktoren wie Hautfarbe, Rasse und Nationalität. Inwiefern der Neoliberalismus totalitäre, fa-

---

[39] Edition ID-Archiv, S. 328.

schistische oder sogar rassistische Tendenzen besitzen soll, ist äußerst fragwürdig, da ein wesentliches Kennzeichen des Neoliberalismus doch gerade der Warenabsatz, die Deregulierung und Freiheit von staatlichen Eingriffen sind.

**Dellwo** geht auf Deutschland bezogen davon aus, dass dem Staat und der Gesellschaft der neue soziale Gedanke und ein neuer historischer sozialer Sinn für die Gesellschaft fehlen:

> „Ich weiß, dass er etwas mit der Eigengeltung von Mensch und Natur zu tun hat, die wir uns zurückerobern müssen. Aber unsere erste Schranke ist heute die Entfremdung in der Gesellschaft."[40]

Der Mensch und die Natur sollen laut Dellwo einen Wert aus sich heraus besitzen, der nichts mit der Markt- und Verwertungslogik des kapitalistischen Systems zu tun hat.

Besonders schwierig scheint der Gedanke der Eigengeltung von Mensch und Natur, da der Mensch und die Natur seit Beginn der Menschheit immer in einem dialektischen Wechselverhältnis von Nutzung und Ausnutzung standen – auch unter kommunistischer Führung.

Des Weiteren prangert Dellwo die Entfremdung in der Gesellschaft an und dabei bezieht er sich offensichtlich auf Karl Marx.

Nach Marx ist der Mensch durch die arbeitsteilige Gesellschaft und die Lohnarbeit sich selber entfremdet. Diese Defizite zeitigen sowohl für die einzelne Person als auch die Gesellschaft zahlreiche tiefgehende Probleme, denn der Mensch verliert dadurch in seiner Wertigkeit. Zudem ist der Mensch seiner Selbst nicht mehr bewusst.

Letztlich beurteilen die **Reformer** die Stabilität des Systems nach der Wende negativ:

> „Wir könnten jetzt viel zusammenzählen, warum wir das System heute schwächer, weil instabiler, sehen als damals. Aber letztlich bringt uns das nicht weiter, weil wir ja auch wissen, dass die Kaputtheit der anderen Seite nicht unsere Stärke ist. Es gibt keinen Automatismus von Elend und Befreiung. Umgekehrt wäre dann allerdings seine Stabilität, unterstellt man sie mal, nicht die Ursache unserer Schwäche. […] Ob das System nun stabiler ist oder nicht – wer sein Leben in dieser Gesellschaft nicht verwerfen will, muss aus dem herrschenden gesellschaftlichen Konsens raus und eine eigene Vernunft setzen, leben und darum kämp-

---

[40] Edition ID-Archiv, S. 90.

fen, dass sie als Gegenrealität in der Gesellschaft existiert und entwickelt werden kann."[41]

Die von den Reformern festgestellte Schwäche des Systems setzen sie im gleichen Atemzug ins richtige Verhältnis, wenn sie behaupten, dass die Schwäche der anderen nicht als eigene Stärke verstanden werden muss.

Als Problem diagnostizieren die Reformer, dass es keine automatische Befreiung aus dem gesellschaftlichen Elend gibt. Sie appellieren an die Vernunft des Einzelnen, aus dem gesellschaftlichen Konsens auszubrechen, um das Leben nicht zu verwirken (!).

Der Schlussgedanke im obigen Zitat findet sich auch in Schriften der RAF zu dieser Zeit. Er besagt, dass eine Gegenrealität bzw. Gegenmacht von unten erkämpft werden muss, auf deren Basis dann eine groß angelegte gesellschaftliche Gegenentwicklung stattfinden könne.

### d) *Ausrichtung der zukünftigen Ideologie und Strategie*

Das Lager der Reformer kann sich bei den Themen der Ideologie und Strategie natürlich nicht für ein plumpes „Weiter so, RAF!" aussprechen. Dies betrifft auch die zukünftige Ideologie und Strategie der politischen Gefangenen. Derselbe Befund war bei den Hardlinern anzutreffen. Insofern ist bei Reformern wie Hardlinern Änderungsbedarf zu konstatieren.

Zwischen Hardlinern und Reformern besteht also Übereinstimmung darin, dass die bisherige Ideologie und Strategie der RAF und politischen Gefangenen einer Verbesserung bedarf.

Wie häufig gibt es eine Übereinstimmung im Befund, aber wie mit dem Befund verfahren und was aus den Fehlern der Vergangenheit gelernt werden soll, darüber herrscht erbitterter Streit.

Dellwo spricht ausdrücklich davon, dass die alte Konzeption der RAF in Zukunft nicht mehr zu halten ist. Schwierigkeiten haben die Reformer aber – ebenso wie die Hardliner – an dem Punkt, an dem es um die positive Füllung der zukünftigen Ideologie und Strategie geht.

An diesem Kardinalfehler krankte die RAF bereits von Anfang an. Der RAF gelang es nie, ein Gegenkonzept zum Bestehenden zu entwerfen, geschweige denn einen für die Massen attraktiven Gegenentwurf zu gestalten. Die RAF verneinte immer nur das, was war, konnte selber aber keine neuen Sichtweisen und Alternativen herstellen.

---

[41] Edition ID-Archiv, S. 96.

**Taufer** ergeht sich zunächst in Andeutungen, bestätigt dann aber deutlich Dellwos Linie:

> „Es gibt draußen welche, die die Einstellung der Angriffe, das damit verbundene Aufknoten unserer Geschichte sowie – kaum unvermittelt – Andeutungen, wonach in der Gesellschaft heute etwas anderes möglich sein soll, als Messer in den Rücken empfinden. ‚Links' steht mit dem Rücken zur Wand – so sehr die Kämpfe ums Überleben im Alltag ohne Militanz kaum noch vorstellbar sind, so sehr sie auch ganz subjektiv Überlebensbedingung sind, an der grundsätzlichen Situation ist damit allein nichts zu ändern. Ich denke aber, auch wenn eine revolutionäre Perspektive nicht in Sicht ist, haben die Recht, die Widerstand leisten. Das war ursprünglich Selbstverständnis von ‚RAF', um nach und nach dem verbalradikalen Lippenbekenntnis zu weichen."[42]

In Taufers Aussage stecken zwei Sachverhalte, die es der Reihe nach zu betrachten gilt.

Zunächst stellt Taufer diejenigen, welche die RAF für die Einstellung der bewaffneten Politik kritisieren, in die geistige Nähe der Deutschnationalen (v.a. die Deutschnationale Volkspartei: DNVP) zur Zeit der Weimarer Republik. Der Ausdruck Messer im Rücken hat einen offensichtlichen Bezug zur Dolchstoßlegende in den 20er und 30er-Jahren des 20. Jahrhundert.

Die Dolchstoßlegende besagt, dass das deutsche Heer im 1. Weltkrieg nicht auf dem Schlachtfeld geschlagen, sondern von der Heimat hinterrücks erdolcht worden sei. Damit macht Taufer die Entscheidung der RAF unangreifbar und rückt alle diejenigen, die sich gegen die Einstellung der bewaffneten Politik aussprechen, politisch nach rechts, was natürlich im Verständnis eines Linksradikalen einer Beleidigung gleichkommt.

Der zweite Sachverhalt betrifft die strategische Lage der Linken. Die Linke steht mit dem Rücken zur Wand und kann sich somit nicht angemessen wehren. Dieser Befund der Linken steht aber, so fährt Taufer fort, in starkem Gegensatz zum Einzelnen. Der Einzelne müsse sich in seinem Alltag militant wehren, um seine Interessen zu verwirklichen.

Insofern billigt Taufer trotz der fehlenden revolutionären Gesamtperspektive den militanten Widerstand im Einzelnen.

Dies ergibt sich für ihn aus der Notwendigkeit Widerstand gegen das System zu leisten, um nicht auf der Strecke zu bleiben und ist zugleich immer der Ansatz der RAF gewesen.

---

[42] Edition ID-Archiv, S. 330.

Taufer sieht die Zukunft Deutschlands von sozialen Bewegungen geprägt. Diese antizipierte Entwicklung dürfte ja den Reformern entgegenkommen. Die Hardliner hingegen bezichtigten die Reformer wiederholt des Reformismus' und unterstellten ihnen, einen Platz im 4. Reich ergattern zu wollen.

Taufer stellt folgende gesellschaftspolitische Aussage über die Zukunft Deutschlands auf:

> „Die kommende Ära wird die Ära der sozialen Bewegungen sein, der ökonomischen und sozialen Erfindungen. Vorausgesetzt, es gelingt, den dazu nötigen Raum aufzumachen und konkreter Utopie endlich mal einen diesseitigen Sinn zu geben. Denn die Alternative wäre eine sich ausbreitende diffuse Gewalt und Destruktivität von jenen gegen jene, die um ihr Überleben kämpfen. Und was dann eine RAF zur Gewaltfrage sagen würde, wäre dieser Eskalation gegenüber völlig gleichgültig. Von dieser veränderten Weltlage spricht die Erklärung der RAF. Es ist keine Kapitulation, es ist die konsequente Neuorientierung auf eine Situation, zu der die bewaffnete Aktion quer liegt."[43]

Taufer unterstellt nicht nur, dass die sozialen Bewegungen für die Zukunft eine große Rolle spielen werden. Darüber hinaus behauptet er, dass soziale und ökonomische Erfindungen bedeutend sein werden.

Er füllt diese Behauptungen inhaltlich aber nicht weiter aus und so bleibt nur zu vermuten, dass er eine stärkere Verknüpfung von ökonomischen und sozialen Aspekten meint.

Eine Voraussetzung für eine gelungene Verknüpfung von Sozialem und Wirtschaftlichem liegt für Taufer darin, dass die Linke beides erkämpft und dem Ganzen auch einen diesseitigen, d.h. nicht-religiösen Sinn verleihen kann. Gelingt die beschriebene Verknüpfung nicht, dann bleibt laut Taufer nur die Alternative eines Hobbes'schen Kampfes aller gegen alle, v.a. aber derjenigen, die um das wirtschaftliche Überleben kämpfen.

Vor dem Hintergrund dieses schrecklichen Gewaltszenarios sieht es Taufer als unwichtig an, was die RAF dann zur Frage des bewaffneten Kampfs sagt.

Diese Aussage erinnert beinahe im Wortlaut an die weiter oben zitierte Meinung von Helmut Pohl. Nicht nur die Argumente von Reformern und Hardlinern ähneln sich, sondern auch das dabei benutzte Vokabular.

---

[43] Edition ID-Archiv, S. 89.

Taufer unterstützt also ausdrücklich die Entscheidung der RAF, bewaffnete Angriffe auf Menschen einzustellen, da nun so versucht werden kann, die von ihm beschriebene Situation mit positivem und konstruktivem Sinn zu füllen und einer schrecklichen Phase der Gewalt zu entgehen. Eine Fortführung der bewaffneten Politik durch die RAF würde gemäß Taufer natürlich den Versuchen einer gewaltfreien Neuorientierung widersprechen.

Die **Reformer** ringen auf der anderen Seite um eine neue Perspektive der zukünftigen Ideologie und Strategie des Widerstands:

> „Die Suche nach einer Überwindungsperspektive wird allerdings in dem Maß subjektiv als sinnlos und abgehoben erscheinen und objektiv auch sein, wo die Alltagskämpfe ums Überleben und für eine selbstbewusste Kultur der Existenz diesseits der Selektionsrampe Weltmarktrentabilität nicht geführt werden. Damit ist aber schon die Unmöglichkeit benannt, unseren Kampf hier anders als mit international-solidarischer Wirkung zu entwerfen. Warum Auschwitz im US-Krieg gegen Vietnam wiedererkennbar gewesen sein soll, die nicht weniger massenhaft-tödlichen ökonomischen Vernichtungsfeldzüge des westlichen Kapitals gegen die allermeisten Trikontländer Ausdruck eines Demokratisierungsprozesses sein sollen, ist nicht nachzuvollziehen. Bei jenen, die so reden, scheint mir das Demokratische heute nicht weniger ideologisch-entäußert zu sein wie ehedem das Revolutionäre."[44]

Die Reformer beschreiben zunächst, wie die positive Füllung des sozialen Sinns aussehen kann. Diese Perspektive ist für sie nur außerhalb der kapitalistischen Verwertungs- und Verwendungszusammenhänge denkbar.

Die Reformer bestreiten also, dass innerhalb der Gesellschafts- und Herrschaftsstrukturen Deutschland ein sinnerfülltes Leben möglich ist. Die Alternative besteht für sie in einer selbstbewussten Kultur der Existenz. Wie so häufig erklären die Reformer mit keinem weiteren Wort, was diese selbstbewusste Kultur der Existenz denn sein soll.

Die Versprechen, etwas konstruktiv im Sinne einer Alternative zu entwerfen, werden einmal mehr auch von den Reformern nicht eingelöst. Dieser Befund zieht sich durch die gesamte Geschichte der RAF und auf allen Ebenen: RAF, Widerstand und politische Gefangene. Die gesamte Strategie und Ideologie der Terroristen bestand immer in einer Verneinung und Vernichtung des Bestehenden.

Im Zitat sagt Taufer anschließend, dass die zukünftigen Ansätze der Linken nur international und solidarisch sein könnten.

---

[44] Edition ID-Archiv, S. 329.

Die restliche Argumentation ist sehr wirr. Einerseits wird bestritten, dass Vietnam und Auschwitz vergleichbar seien und andererseits wird behauptet, dass die als Demokratisierungsprozess verkleidete Einführung des Kapitalismus in den Ländern der 3. Welt nicht weniger Opfer (als Auschwitz und Vietnam zusammen?) gefordert hätten.

Insofern ergibt sich ein radikales und unerbittliches Bild hinsichtlich der zukünftigen Ideologie und Strategie der RAF. Zwar sollen bewaffnete Angriffe der RAF eingestellt werden. Das skizierte Gesellschaftsbild aber ist düster, da dem Kapitalismus zu Beginn der 90er vorgeworfen wird, auf einer Stufe mit Auschwitz und Vietnam zu stehen.

Eine Überwindungsperspektive sehen die Reformer nur in einer massenhaft breit angelegten Widerstandsbewegung, welche letztlich in einer Überwindung der herrschenden Verhältnisse münden soll.

Vor dem Hintergrund des Gesagten ist es berechtigt, die folgenden Fragen zu stellen:

- Sind die Reformer insofern radikaler als die Hardliner?
- Stehen die Reformer für eine grundlegend neue Politik des Widerstands gegen das System?
- Ist es nur das bisherige Scheitern der bewaffneten Politik der RAF, welche die Reformer zum Umdenken zwingt?

In jedem Fall bleibt festzuhalten, dass die Reformer weiterhin an eine Überwindung der kapitalistisch-demokratischen Gesellschaftsverhältnisse interessiert sind.

*e) Bewertung Gefangenenfrage/Kinkel-Initiative*

Einig sind sich sich die Reformer mit den Hardlinern in der Frage, dass eine Zusammenlegung aller politischen Gefangenen unabdingbar ist. Dieser Zusammenlegung, die einen Diskussionsprozess zwischen den Gefangenen ermöglichen sollte, hatte dann – so die gemeinsame Vorstellung - die Freilassung der politischen Gefangenen zu folgen.

Die Reformer begrüßen aber im Gegensatz zu den Hardlinern zunächst die Kinkel-Initiative und den neuen gesellschaftlichen Umgang mit dem bewaffneten Widerstand und den Gefangenen.

Von daher überrascht es nicht, dass die Reformer den Staatsschutzbehörden als der Ansatzpunkt galten, um die RAF und die politischen Gefangenen auseinander zu brechen.

**Dellwo** spricht sich deutlich für eine Gesamtlösung in der Gefangenenfrage aus:

> „Bin ich auch für eine Gesamtlösung, so bin ich nicht für ‚abwickeln'. Für mich ist nur etwas zu Ende gekommen, wir stecken in der Sackgasse, und aus der müssen wir raus. Das meint den Aspekt von ‚Freiheit', weil's nicht nur um die Freiheit der Gefangenen vom Knast geht."[45]

Die Freiheit der politischen Gefangenen - und zwar aller, unabhängig von der Lagerzugehörigkeit Hardliner oder Reformer – ist das erklärte Ziel von Dellwo. Freiheit meint für ihn aber ebenso, das System überwinden zu können.

Dellwo weist hier den Vorwurf entschieden von sich, die Gefangenenfrage abwickeln bzw. verdealen zu wollen. Dies war ihm wiederholt aus dem Lager der Hardliner vorgeworfen worden.

Der Begriff Abwickeln beinhaltete ein abwertendes Moment, da man Dellwo unterstellte, unlauter mit dem System zu verhandeln, seine eigene Geschichte zu verkaufen und sich bei den Feinden anzubiedern, um einen Platz im Reich zu ergattern.

Zugleich verknüpft Dellwo die Lösung der Gefangenenfrage damit, dass die RAF wieder eine Perspektive erhält. D.h., dass er die RAF in einer konzeptionellen Sackgasse sieht, aus der sie sich erst befreien kann, wenn die Frage der politischen Gefangenen nicht mehr an erster Stelle steht.

Die Hardliner warfen den Reformern – wie wir oben gesehen haben – ausdrücklich Verrat und ein Abwickeln der RAF-Geschichte vor. Dazu, so die Unterstellung der Hardliner, würden die Reformer Gespräche mit prominenten Vertretern der Politik, Wirtschaft und Gesellschaft führen.

**Dellwo** weist diese Vorwürfe von sich und behauptet:

> „Wir haben weder Reuter noch Kohl noch sonst jemand einen Deal angetragen, wir haben auch keine ‚Abwicklung' betrieben, schon gar nicht ist eine ‚Gesamtlösung' an irgendjemand herangetragen worden."[46]

Sprach Dellwo im vorigen Zitat davon, dass es ihm ausdrücklich um eine Gesamtlösung gehe, so verleugnet er dies hier und widerspricht sich somit offensichtlich.

Er bestreitet zudem, mit Bundeskanzler Kohl oder dem Vorstandsvorsitzenden der Mercedes Benz AG Reuter gesprochen bzw. verhandelt

---

[45] Edition ID-Archiv, S. 237.
[46] Edition ID-Archiv, S. 255.

zu haben und setzt sich damit energisch gegen die erbitterten Vorwürfe der Hardliner zur Wehr.

Zu einem früheren Zeitpunkt hatte Dellwo ganz anders geklungen. Dort konnte man durchaus den Eindruck gewinnen, dass die Celler Gefangenen Dellwo, Taufer und Folkerts eine Initiative zur Freilassung aller politischen Gefangenen entwickeln wollen.

Dabei tauchen dann genau die Namen und Sachverhalte auf, die **Dellwo** oben so energisch verneint:

> „Wir haben in zwei Richtungen gesprochen: Leute suchen, die das, was die RAF und die Gefangenen in den letzten Jahren versucht haben, als vernünftig sehen und deshalb öffentlich unterstützen wollen; Druck machen in den Reihen der Gegenseite. In ersterem sind wir auf Bubis gekommen. [...] Von ihm kam, dass er selber mit uns sprechen wollte, um direkt zu hören, was wir wollten. Wir haben dem natürlich zugestimmt (und hätten ihm dabei auch vorgeschlagen, nach und nach einige andere Gefangene zu besuchen). Daraus ist bis jetzt nichts geworden, denn Kohl nahm ihn bei irgendeiner Gelegenheit kürzlich beiseite und erklärte, er sei gegen diesen Besuch, ‚solange Bad Kleinen nicht zu Ende ermittelt sei'. [...] Ganz anders bestimmt ist die Reuter-Sache. Es ging darum, dass jemand von <<außen>> (also außerhalb unseres Zusammenhangs) sie aus einer Einschätzung der Situation heraus, wie er sie selber vertreten kann, auf den Ernst der Lage aufmerksam macht, auf das, auf was es wahrscheinlich hinausläuft, wenn die Regierung ihre Haltung nicht ändert. Zu diesem Zweck habe ich mit Ströbele über die Situation diskutiert. Auch dass er nicht in unserem Namen reden kann, dass er nicht verhandelt, keine Zusagen macht oder sonst etwas, sondern einfach, dass er als jemand, der die ganze Geschichte von Anfang an kennt und in ihrer Dialektik einzuschätzen weiß, darauf hinweist, dass die Regierung eine andere Entwicklung systematisch zerstört und für alles, was daraus kommen mag, dann auch alleine die Verantwortung hat."[47]

Bubis als Vorsitzender des Zentralrats der Juden in Deutschland sollte die breite Öffentlichkeit in Deutschland auf die Anliegen der politischen Gefangenen aufmerksam machen.

Dabei unterstellen ihm die Reformer (ungefragt), dass er die Anliegen der politischen Gefangenen für sinnvoll hält und dies auch so nach außen vertreten möchte. Darüber hinaus gehen die Reformer davon aus, dass Bubis in den Reihen der Gegenseite Druck gemacht hätte.

Dieser gesellschaftlichen Einflussgröße stellt sich aber nach Ansicht der Reformer die Politik entgegen. Bundeskanzler Kohl untersagt Bubis –

---

[47] Edition ID-Archiv, S. 236.

woher die Reformer dieses Wissen beziehen, bleibt ein Geheimnis – den Kontakt mit den politischen Gefangenen.

Kohls Begründung lautet angeblich, dass zuerst die Geschehnisse um Bad Kleinen (Tod eines GSG 9-Beamten, Tod des Terroristen Wolfgang Grams und Verhaftung der Terroristin Birgit Hogefeld) aufgeklärt werden müssten.

Auf einer anderen Ebene ist für die Reformer nach eigenen Angaben der Vorstoß mit dem Daimler Vorstandsvorsitzenden Reuter bestimmt gewesen. Hier ging es den Gefangenen auf gut Deutsch darum, ihr Erpressungspotential sichtbar zu machen. Reuter sollte klar gemacht werden, dass die RAF den bewaffneten Kampf wieder aufnimmt und Repräsentanten aus Staat und Wirtschaft tötet, sollten die Forderungen nach Zusammenlegung und Freilassung der Gefangenen nicht erfüllt werden.

Als weiterer Teil des Ganzen wird der Bundestagsabgeordnete und frühere RAF-Anwalt Christian Ströbele aufgeführt. Auch ihm sollte klar gemacht werden, dass die Eskalation von Seiten der RAF wieder beginnt, wenn die Forderungen nicht erfüllt werden.

Die Reformer stehen der Kinkel-Initiative positiv entgegen und verlangen die Zusammenlegung und Freilassung aller politischen Gefangenen. Dazu suchen sie Gespräche mit Vertretern aus Politik, Wirtschaft und Gesellschaft. Allerdings – und dies wird unmissverständlich klar – wollen die Reformer in diesen Gesprächen Drohkulissen aufbauen und mit einem Wiederbeginn tödlicher Angriffe der RAF drohen, sollten ihre Forderungen hinsichtlich der politischen Gefangenen nicht erfüllt werden.

**3.3 Die RAF**

Bis heute ist nicht sicher, aus wie vielen Personen die Kommando-Ebene der dritten RAF-Generation bestand. Außerdem weiß man auch nicht, welche Personen zum engsten Kreis der RAF gehörten.

Die RAF hat ab Anfang der 90er Jahre in ihren Erklärungen zunehmend Aussagen über sich selber gemacht. So behauptete sie, dass alle Mitglieder der 3. RAF-Generation erst ab 1984 in der RAF organisiert gewesen seien.

Die RAF bedachte die Staatsschutzermittler mit Spott. So erklärte sie, dass die Ermittlungsbehörden niemals einen Durchblick gehabt hätten, wer zu RAF gehörte. Hinzu käme, dass es der staatlichen Seite auch nicht bekannt gewesen sei, wie die RAF organisiert sei.

Die RAF der dritten Generation ließ zudem durchblicken, dass im harten Kern der Kommando-Ebene nie mehr als 20 Personen organisiert gewesen sind.

In gewisser Weise scheint die Häme der RAF über die Ermittler zutreffend zu sein, es sei denn, man nimmt an, dass die Ermittlungsbehörden aus ermittlungstaktischen Gründen ihre wahren Erkenntnisse verschwiegen hätten.

Diese Vermutung könnte z.B. dadurch gestützt werden, dass es – so RAF und Polizei unisono – eine eindeutige Handschrift von RAF-Attentaten gäbe. Diese Handschrift ermögliche es den Ermittlern, immer genau zu wissen, ob ein Attentat tatsächlich von der RAF begangen worden sei oder nicht.

Peinlich für die Staatsschutzbehörden ist der Sachverhalt, dass bestimmte Personen lange Zeit fälschlicher Weise der Kommandoebene der RAF zugerechnet wurden. Diese Personen waren auf Fahndungsplakaten abgebildet und hohe Belohnungen für ihre Ergreifung ausgesetzt.

Bei einigen dieser Fälle hatte die Polizei jahrelang geirrt. Ein Beispiel sei kurz erwähnt: Christoph Eduard Seidler galt lange Zeit als Aktivist der dritten RAF-Generation. Seidler stellte sich später freiwillig den Behörden und konnte lückenlos nachweisen, dass er sich im Nahen Osten aufgehalten und mit den Attentaten der RAF nichts zu tun gehabt hatte.

Viele Ermittlungs- und Fahndungsansätze der Behörden gingen insofern von falschen Prämissen aus und konnten unter diesen Umständen gar nicht Erfolg versprechend sein. Seidler war z.B. beim Attentat auf den Vorstandsvorsitzenden der Deutschen Bank, Alfred Herrhausen, einer der Tatverdächtigen.

Dass die Behörden bis heute in Sachen 3. RAF-Generation im Dunkeln tappen, liegt an der hochprofessionellen, effektiven und effizienten Arbeitsweise der RAF. Die dritte Generation hatte von der 1. und 2. Generation gelernt, beging wenige Fehler und hinterließ so gut wie keine Spuren.

Erst mit den Ereignissen in Bad Kleinen um Birgit Hogefeld und Wolfgang Grams konnten zum ersten Mal gesicherte Erkenntnisse über zwei Mitglieder der 3. RAF-Generation ans Tageslicht gebracht werden. Hogefeld bekannte sich im Strafprozess zu ihrer Mitgliedschaft in der RAF, schwieg sich aber über eine Beteiligung an Attentaten und Aktionen aus.

Schließlich sagte sie sich noch im Prozess von der bewaffneten Politik der RAF los. Ihre Verteidigungsstrategie war nicht politisch. Sie unterwarf sich der StPO und vermied weitgehend politische Angriffe gegen das System, die Bundesanwaltschaft und Staatsschutzbehörden.

### a) Beurteilung der RAF-Geschichte

Bei der dritten Generation der RAF gilt es zu bedenken, dass sie einerseits Attentate mit vielen Toten verübte. Andererseits stellte sie den bewaffneten Kampf später ein und löste sich auf.

Insofern ist ihr Verhältnis zur Geschichte der RAF sicherlich nicht unproblematisch, denn zum einen müssen die bereits begangenen Taten gerechtfertigt werden und zum anderen muss auch die Entscheidung für die Einstellung des bewaffneten Kampfs ihre Berechtigung besitzen.

Es ist erstaunlich, wie sehr sich die Betrachtungen der RAF-Geschichte ähneln. Hardliner, Reformer und RAF gleichen sich nicht nur in bestimmten Schilderungen, manchmal scheint zudem der Wortlaut derselbe zu sein. Zweifellos gab es aber einen tief greifenden Streit zwischen den Parteien. Gleichwohl ist dieselbe Geisteshaltung erkennbar. Ebenso scheint dieselbe Beurteilung bestimmter Sachverhalte vorhanden zu sein.

Die **dritte RAF-Generation** schreibt über den Beginn der RAF:

> „Wir, die RAF, sind Anfang der 70er Jahre in der Phase der weltweiten Aufbrüche für Befreiung und der Vietnammobilisierung entstanden. Unser Aufbruch war aus einer Zeit möglich, in der mit der 68er-Revolte auch hier viele Menschen aufgebrochen waren; in diesem Land, in dem es nach Auschwitz keine gesellschaftliche Auseinandersetzung mit der faschistischen Vergangenheit gab und Nazis in allen Bereichen von Staat und Wirtschaft wieder eingesetzt wurden."[48]

Die Rechtfertigung für die Entstehung der RAF bildet also der Kampf gegen den US-Imperialismus. Erneut wird die Metapher des Kampfes um Befreiung als Synonym für das Einstehen auf Seiten des Kommunismus benutzt – dies hatten wir bereits bei den Hardlinern und Reformern vernommen.

---

[48] Edition ID-Archiv, S. 66.

Zudem erinnert die RAF an die ungesühnte und nicht aufgearbeitete Nazi-Vergangenheit in Deutschland. Zudem stellt sie den bruchlosen Übergang von NS-Zeit und BRD heraus, was z.B. Karrieren in beiden Systemen anbelangt. Dies erinnert an die Argumentationsweise der Reformer. Diese hatten ja die RAF als nachholende Resistance beschrieben.

Die RAF sieht – ebenso wie die Hardliner und Reformer - den Vietnamkrieg als Katalysator für die eigene Geschichte:

> „Während des Vietnamkriegs war unser Land wichtigste Drehscheibe für den US-Völkermord am vietnamesischen Volk. Wir haben uns dem weltweiten Aufstand gegen den US-Imperialismus angeschlossen. Damals war die Handlungsfreiheit des Imperialismus gegenüber den Bewegungen der nationalen Befreiung im Süden durch die Existenz der Sowjetunion begrenzt. In diesem globalen Kräfteverhältnis haben wir unseren Kampf für die Umwälzung hier als Teil der internationalen imperialistischen Befreiungsfront bestimmt. Es war für uns unmittelbare Perspektive, im gleichzeitigen internationalen Kampf den Durchbruch für Befreiung zu schaffen."[49]

Die RAF stellt sich ausdrücklich in den Kontext der südlichen nationalen und kommunistischen Befreiungsbewegungen, welche gegen den US-Imperialismus gekämpft haben. Sie gesteht ein, dass es wichtig war, die UDSSR als potentielle Rückendeckung zu besitzen, da dieser Schutz die Handlungsfreiheit der Amerikaner beschnitt.

Der Kampf der RAF fand zwar naturgemäß in der europäischen Metropole statt. Allerdings stellte sich die RAF ganz bewusst in den weltweiten Zusammenhang der südlichen Befreiungsbewegungen. Die Befreiungsbewegungen befanden sich am Rand der kapitalistischen Zentren und Metropolen.

Wie viele andere auch ging die RAF ursprünglich davon aus, dass die Befreiungskämpfe gegen den US-Imperialismus schnell siegen würden. Diese Hoffnung zerschlug sich, da sich der US-Imperialismus entgegen dem Mao-Wort eben nicht als Papier-Tiger entpuppte.

Die **RAF** zieht dennoch die Rechtfertigung ihrer bewaffneten Politik bis zur Mitte der 80er Jahre aus dem internationalen Befreiungskampf gegen den US-Imperialismus. Sie stellt aber fest, dass es ab Anfang bzw. Mitte der 80er Jahre einen massiven Gegenangriff des Feindes gab:

> „Auch wenn das Durchkommen der Befreiungskämpfe seit Ende der 70er Jahre durch den Imperialismus gestoppt werden konnte, war unse-

---

[49] Edition ID-Archiv, S. 66 f.

re Politik bis über die Mitte der 80er Jahre hinaus zentral innerhalb dieser Koordination bestimmt. Wir haben in den 80ern unsere Kraft dafür eingesetzt, das imperialistische Rollback aufzuhalten, mit dem das Rad der Geschichte hinter die Oktoberrevolution zurückgedreht werden sollte."[50]

Anfang bzw. Mitte der 80er Jahre gab es in den USA und Großbritannien (die beiden wichtigsten Feindfiguren der RAF) eine neokonservative politische Bewegung. Ronald Reagan war Präsident der USA und Margaret Thatcher Ministerpräsidentin in Großbritannien.

Beide Politiker setzten sich druckvoll und nachhaltig für eine Neoliberalisierung der westlich-kapitalistischen Gesellschaften und ein kompromissloses Bekämpfen der Feinde westlicher Demokratien ein.

Die RAF unterstellt den Akteuren der damaligen Zeit, die Geschichte und Errungenschaften des Kommunismus vernichten zu wollen. Die RAF sah ihre Hauptaufgabe darin, diese Rollback-Bestrebungen zu bekämpfen und zurückzudrängen.

Aus der bisherigen Begründung heraus werden der US-Imperialismus und die Nazi-Vergangenheit Deutschlands als wichtiger Ansporn für den bewaffneten Kampf beschrieben.

Dabei fehlt dann noch der Aspekt Westeuropas und des zeitgenössischen Deutschlands. Wieso sollte der bewaffnet Kampf gegen das Nachkriegsdeutschland gerechtfertigt sein? Die **RAF** nimmt auch hierzu Stellung und begründet ihren bewaffneten Kampf in Deutschland wie folgt:

> „In den verschiedenen Phasen unseres 22jährigen Kampfes haben wir als Metropolenguerilla gegen die imperialistischen Weltbeherrschungspläne interveniert, gegen die US-Politik, gegen die NATO, gegen die Formierung des westeuropäischen Blocks und gegen die Entwicklung Großdeutschlands zur Weltmacht und gegen die neue Weltordnung."[51]

Die Formierung des westeuropäischen Blocks (Europäische Union: EU und Europäische Gemeinschaft: EG) steht hier für die RAF in direktem Zusammenhang mit der US-Politik und der NATO.

Dies alles zusammen genommen bildete die Grundlage der imperialistischen Weltbeherrschungspläne, gegen welche die RAF immer kämpfte.

---

[50] Edition ID-Archiv, S. 66 f.
[51] Edition ID-Archiv, S. 67.

Zudem unterstellt die RAF Deutschland, sich zur Weltmacht in einer neuen Weltordnung aufschwingen zu wollen. Insofern sind für sie die beiden Angriffsziele Europa und Deutschland gerechtfertigt.

Deutschland gilt dabei nicht nur als Vasall der USA. Vielmehr werden Deutschland (in der Tradition des 3. Reichs) eigene Großmachtpläne unterstellt. Diese finden allerdings im Rahmen des imperialistischen Gesamtkonzepts statt. Auch innerhalb der EU – so die RAF an anderer Stelle – streben die Deutschen die Vorherrschaft an.

Die dritte Generation der RAF sah sich schließlich mit weltgeschichtlichen Ereignissen konfrontiert, die es bei allem Kadergehorsam nicht zu verleugnen gab. Trotz der sich gegen jegliche Kritik verwahrenden Theorien und nicht hinterfragbaren Weltanschauungen konnte die RAF die Tatsache nicht ignorieren, dass der kommunistische Staatenbund zusammenbrach.

Dies stellte die RAF-Kämpfer v.a. vor ideologische und strategische Probleme, da die bisherige Ausrichtung der **RAF** mit einem Schlag gegenstandslos wurde und einer Überarbeitung bedurfte:

> „Die Tatsache, dass wir alle vor einer veränderten Situation im weltweiten Kräfteverhältnis standen – die Auflösung des sozialistischen Staatensystems, das Ende des Kalten Krieges. Wir waren damit konfrontiert, dass die Vorstellung, im gemeinsamen internationalen Kampf einen Durchbruch für Befreiung zu schaffen, nicht aufgegangen ist. Die Befreiungskämpfe waren insgesamt zu schwach, um gegen die auf allen Ebenen ausgeweitete Kriegführung des Imperialismus anzukommen."[52]

Offen gesteht die RAF hier ihre Niederlage ein. Sie erkennt an, dass die angestrebte Befreiung vom Imperialismus nicht gelang. Den Grund sieht sie in der Schwäche der gegen den Imperialismus geführten Kämpfe und der Stärke des Gegners.

Die Beurteilung der eigenen Geschichte fällt somit vernichtend aus. Unumwunden gibt die RAF zu, den Kampf verloren zu haben, wenngleich nur als ein kleiner Teil im internationalen Gesamtgefüge.

Es fragt sich, ob und wie vor dem Hintergrund dieser eigenen Einschätzung die Motivation und Rechtfertigung für eine Fortführung des bewaffneten Kampfs der RAF gezogen werden kann.

Trotz des Eingeständnisses der Niederlage lag für die RAF ein Niederlegen der Waffen fern. Vielmehr suchte sie nach neuen Ansätzen und Begründungen um den bewaffneten Kampf fortführen zu können.

---

[52] Edition ID-Archiv, S. 16.

So etwas geschieht am besten, wenn man im Staatswesen und in der Gesellschaftsordnung Dinge findet, die man verurteilt und gegen die es sich zu kämpfen lohnt.

Die **RAF** schreibt deshalb folgerichtig zur Phase nach der deutschen Wiedervereinigung:

> „Unser Versuch von 89 bis 92 war an Grenzen gestoßen. In dieser Phase lag es uns fern, in der Zeit der Depression der Linken, dem Siegestaumel der Herrschenden, den staatlichen Rassismuskampagnen, den rassistischen und faschistischen Eskalationen auf den Straßen, dem Golf-Krieg u.v.a. den bewaffneten Kampf zurückzunehmen. Deshalb wurde aus dieser Phase von uns aus der Versuch einer (ungewollt heimlichen) Überleitung zu neuen Bestimmungen und politischen Beziehungen."[53]

Auch hier gesteht die RAF ein, dass sie drei Jahre nach dem Kollaps des kommunistischen Staatensystems eine weitere Niederlage einstecken musste. Trotzdem sieht sie es als selbstverständlich an, den bewaffneten Kampf nicht zurückzunehmen.

Diese Entscheidung begründet sie damit, der Depression und Resignation der Linken entgegenwirken und somit Hoffnung für die Linke verbreiten zu wollen. Ein weiterer wichtiger Punkt war der Siegestaumel der Gewinner des Kalten Krieges, welchen die RAF nicht unkommentiert stehen lassen wollte.

Innerdeutsche Zustände wie zunehmender Faschismus und Rassismus bildeten schließlich weitere Triebfedern für die RAF, um den bewaffneten Kampf aufrecht zu erhalten; dasselbe gilt für den Golf-Krieg.

Der Golf-Krieg stand laut RAF exemplarisch für das neue Selbstbewusstsein der Herrschenden, sich beliebig Völker und Nationen unterwerfen zu können, die sich nicht kapitalistischen Systemen unterstellten.

Trotz aller Bemühungen das Bestehende aufrecht zu erhalten, gesteht die RAF ein, dass sie (heimlich!) Überlegungen anstellte, wie sie neue politische Inhalte und Ziele bestimmen konnte.

Diese Argumentation wirkt merkwürdig. Was für einen Sinn soll es haben, das Alte krampfhaft aufrecht zu erhalten, wenn man doch weiß, dass es falsch ist und einer Korrektur bedarf?

Heimliche Überlegungen für einen möglichen Übergang kann man im Nachhinein immer behaupten.

---

[53] Edition ID-Archiv, S. 346.

## b) Rechtfertigung des bewaffneten Kampfes

Natürlich ist die dritte Generation der RAF daran interessiert, die Notwendigkeit des bewaffneten Kampfs deutlich herauszustellen. Schließlich hatte sie neun Jahre lang bewaffnete Politik mit zahlreichen Todesopfern und Sachschaden in mehrstelliger Millionenhöhe betrieben.

Die **RAF** prahlt nach der Ankündigung ihrer Zäsur (die Einstellung bewaffneter Politik) geradezu, wenn sie behauptet:

> „23 Jahre haben gezeigt, dass weder die RAF noch Widerstand überhaupt militärisch auszulöschen sind, und das wird solange bleiben, wie Unmenschlichkeit und Ungerechtigkeit dieses Land und die Welt regieren."[54]

Sie unterstellt den Staatsschutzbehörden totale Unfähigkeit, da diese das Problem der RAF und des Widerstands mit militärisch-polizeilichen Mitteln nicht in den Griff gekriegt haben – trotz ständig steigender Etats und technologischer Hochrüstung. Häme für den Gegner und Stolz für sich selber schwingt mit, wenn die RAF behauptet, dass sie nie militärisch besiegt werden könnte.

Für die RAF ist der bewaffnete Widerstand gerechtfertigt, da es Unmenschlichkeit und Ungerechtigkeit in Deutschland und auf der Welt gibt. Was sich hinter diesen Begriffen verbirgt, bleibt - wie immer - offen.

Überhaupt ist es fraglich, was für ein naives und kindliches Gemüt man besitzen muss, um sich eine Welt ohne Ungerechtigkeit vorzustellen. Ungerechtigkeit ist ein weit dehnbarer Begriff. Was für den einen gerecht ist, empfindet der andere als ungerecht. Solange es menschliches Zusammenleben gibt, wird es Ungerechtigkeit geben. Ungerechtigkeit findet in diesem Sinn im Sekundentakt in kleinsten menschlichen Einheiten (Familie …) wie im Weltgefüge statt.

Aus der geschichtlichen Sicht betrachtet rechtfertigt die **RAF** die bewaffnete Aktion wie folgt:

> „Unsere Aktionen gegen verantwortliche Militärs, Wirtschaftsführer oder Verantwortliche aus dem politischen Apparat waren für viele Menschen nachvollziehbar und moralisch legitim. Sie wurden aus der Schärfe der eigenen Lebenssituation, der eigenen Unterdrückung und Entwürdigung als legitim begriffen und daraus, dass Millionen Men-

---

[54] Edition ID-Archiv, S. 220.

schen wissen, dass die Macht hier für Krieg und weltweites Elend verantwortlich ist."[55]

Demnach behauptet die RAF, dass ihr Morden für viele Menschen aufgrund der eigenen, bitteren Lebensumstände nachvollziehbar und moralisch legitim war. Außerdem hätten viele Menschen gewusst, dass die von der RAF angegriffenen und exekutierten Menschen aus Politik, Wirtschaft und Militär für Krieg und weltweites Elend verantwortlich seien.

Insofern scheint die RAF ihre Attentate als eine bewaffnete Politik der Bestrafung verstanden zu haben. Da manche Menschen für Böses verantwortlich sind, ist es für die RAF gerechtfertigt, diesen Menschen wiederum etwas Böses anzutun und sie zu töten. Das Übel der Welt ist für die RAF im Kapitalismus, also im System des freien Unternehmertums, zu sehen.

Mit dieser Wirtschaftsform geht für die **RAF** automatisch die Ausbeutung von anderen Ländern und Menschen einher:

> „Den Kampf für ein Leben ohne Herrschaft wird es so lange geben, solange dieses imperialistische System existiert, das den Wert von Menschenleben und Natur nach ihrer Verwertbarkeit fürs Kapital bemisst – den Kampf für die Befreiung von den verinnerlichten Werten des Systems, gegen Rassismus und sexistische Unterdrückung wird es geben, bis überall Werte und Strukturen existieren, die von der Würde des Menschen ausgehen."[56]

Die RAF kritisiert, dass der Wert des Menschenlebens und der Natur nur nach Maßstäben des kapitalistischen Systems bemessen würden. Sie behauptet außerdem, dass Rassismus und sexistische Unterdrückung eine weitere Rechtfertigung für bewaffnete Politik seien.

Durch die bewaffnete Politik möchte die RAF erreichen, dass die Würde des Menschen überall auf der Welt durchgesetzt wird.

Ein Blick in das Grundgesetz der Bundesrepublik Deutschland hätte der RAF verraten, dass der erste Artikel in der deutschen Verfassung gerade eben die Unantastbarkeit der Würde des Menschen unter unverrückbaren Schutz stellt. Die Würde des Menschen ist gerade in Deutschland durch nichts und niemanden anzutasten.

Der erste Artikel des Grundgesetzes wurde aus der schrecklichen Erfahrung des Nationalsozialismus und seiner menschenverachtenden Politik heraus verfasst. Er sollte die Würde des Menschen als nicht hin-

---

[55] Edition ID-Archiv, S. 132.
[56] Edition ID-Archiv, S. 65.

tergehbare Kategorie für eine demokratische Gesellschaft festschreiben, die für alle Zeiten und überall Gültigkeit besitzt.

Die **RAF** stellt die Notwendigkeit ihres bewaffneten Kampfes außerdem in einen internationalen Kontext:

> „Wir leben heute in einer Zeit, in der wir alle mit den katastrophalen Folgen der Globalisierung der Herrschaft des kapitalistischen Marktes konfrontiert sind. Deshalb finden wir es wichtig, dass alle, die weltweit auf der Suche nach Wegen sind, wie menschenwürdiges Leben durchgesetzt werden kann, die Diskussion international führen und über die Grenzen und Kontinente hinweg organisieren. Trotz der unterschiedlichen Entwicklungen der Kämpfe und der Bedingungen ist es eine gemeinsame Suche danach, wie wir gegen die Weltbeherrschungspolitik der G7-Staaten, die die Macht des Kapitalsystems über die Menschen und die Natur als endgültig zementieren will, für das Leben der Menschen dringende Lösungen durchsetzen können."[57]

Die Rechtfertigung für bewaffneten Widerstand ergibt sich für die RAF aus der Globalisierung und der Weltbeherrschungspolitik der G7-Staaten. Die Globalisierung, der Imperialismus und Kapitalismus der G7-Staaten betreffen demnach alle Menschen und Länder auf der Welt im gleichen Ausmaß.

Deshalb ist nicht nur der bewaffnete Widerstand gerechtfertigt, sondern darüber hinaus sollte international nach Lösungen und gemeinsamen Strategien gesucht werden.

Das Ziel der gemeinsamen bewaffneten Bemühungen ist für die RAF der Mensch und die Natur, für die es positive Lösungen zu entwickeln gilt.

Für die RAF ist es auch in Ordnung, bewaffneten Widerstand als Druck- und Drohpotential gegenüber dem Staat zu benutzen. Diese Haltung wurde v.a. von den Hardlinern stark kritisiert, da so der eigentlich politische Gehalt der RAF verloren ginge.

Die **RAF** leitet den Gegenangriff ein und entgegnet der Kritik der Hardliner deutlich und verbittert:

> „Ihr [die Hardliner, Ch.K.] werft uns vor, mit unserer Drohung und der Sprengung des Weiterstädter Knastes hätten wir ‚die bewaffnete Aktion zur Ware gemacht'. Sind eurer Meinung nach Aktionen nur zur Begriffsbildung zulässig? Nur abstrakte Politik? Seit wann ist es eurer Meinung nach verwerflich, mit Aktionen Druck gegen den Staat auszuüben? Ihr wisst genauso gut wie wir, dass die bewaffnete Aktion in ihrem politischen Inhalt stimmen muss, um Druck auf den Staat für eine Entwicklung, die es zu erkämpfen gilt, ausüben zu können. Das Ver-

---

[57] Edition ID-Archiv, S. 65.

hältnis, das ihr zu revolutionärer Politik und zur bewaffneten Intervention heute vermittelt, ist dermaßen abstrakt und tot wie es uns vollkommen fremd ist und wie wir es von den Kämpfenden auf der ganzen Welt nicht kennen."[58]

Die RAF wehrt sich ausdrücklich gegen den Vorwurf, dass die bewaffnete Aktion zur Ware wird, mit der man die Freiheit der politischen Gefangenen eintauschen kann. Sie ist der Überzeugung, dass es notwendig und gerechtfertigt ist, dem Staat mit Anschlägen zu drohen, um politische Ziele zu erreichen. Insofern heiligt der Zweck für die RAF die Mittel. Das Ziel die Gefangenen Genossen aus den Gefängnissen freizupressen ist der RAF heilig und dafür ist jedes Mittel recht. Terroristische Anschläge sind Mittel zum Zweck.

Genau dieser Punkt wurde von den Hardlinern als unpolitisch angegriffen. Damit – so der Vorwurf - würde sich die RAF ihren politischen Gehalt selber entziehen und angreifbar machen. Natürlich haben die Hardliner auch gesehen, dass bei solch einer Sicht der Dinge die RAF zur Gefangenen-Befreiungsbewegung mutiert, die keinen anderen Inhalt als eben die Gefangenen besitzt.

Allerdings muss man bei dem Ganzen die Antwort der RAF auch würdigen. Gerade für die RAF-Terroristen der 2. Generation (welche ja maßgeblich zu den Kritikern der Kommandoebene nach 1990 gehörten) war es ja nachgerade Sinn und Zweck von Kommando-Aktionen, v.a. im Terror-Jahr 1977, Druck auf den Staat aufzubauen, um Gefangene frei zu pressen.

*c) Analyse des Staats und der Gesellschaft*

Die RAF sieht die staatliche und gesellschaftliche Entwicklung der Jahre 1992 bis 1994 sehr kritisch. Eine wie auch immer geartete Nähe zum System ist nicht erkennbar.

Der Kollaps der bipolaren Weltordnung besaß international betrachtet die Ausmaße eines Erdbebens am oberen Ende der Richterskala und hatte auch auf Deutschland gravierende Auswirkungen.

Der real existierende Sozialismus war mit dem Zusammenbruch des Warschauer Pakts als eine Fußnote der Geschichte im Nichts verschwunden. Für die radikale Linke im westlichen Bündnissystem bestand somit nicht einmal mehr auf dem Papier eine Systemalternative im Osten.

---

[58] Edition ID-Archiv S. 281.

Obwohl die RAF die weltpolitische und historische Entwicklung nach 1989 klar sieht und einordnen kann, denkt sie nicht daran, die Waffen niederzulegen. Ihre Staats- und Gesellschaftsanalyse zeigt für sie vielmehr die Notwendigkeit auf, im jeweilig spezifischen kulturell-nationalen Kontext eine neue Kraft der Kämpfe entstehen zu lassen.

Gleichzeitig benennt die **RAF** mehrere Gründe für den Kollaps des sozialistischen Staatenblocks, um dadurch ungeahnte positive Möglichkeiten für die Zukunft aufzuweisen:

> „Der Zusammenbruch der sozialistischen Staaten, der seine Ursache wesentlich in den im Inneren ungelösten Widersprüchen hatte, hat katastrophale Auswirkungen für Millionen Menschen weltweit und hat alle, die rund um den Globus um Befreiung kämpfen, auf sich selbst zurückgeworfen. Aber dadurch hat sich für alle die Notwendigkeit noch mal deutlicher gezeigt, dass die Kämpfe um Befreiung nur aus dem Selbstbewusstsein der eigenen, speziellen Geschichte der Völker, den authentischen Bedingungen und Zielen entwickelt werden können. Und nur daraus kann eine neue internationale Kraft entstehen. Das haben viele GenossInnen aus dem Trikont in die Diskussionen eingebracht, und sie haben dort Anfänge einer ganz neuen Politik gefunden und umgesetzt – das werden wir hier auch."[59]

Für die RAF ist es entscheidend, dass die sozialistischen Staaten ihre inneren Widersprüche nicht lösen konnten, und somit führte dies zum Zusammenbruch des Ostblocks. Die Auswirkungen dieses Zusammenbruchs seien für Millionen von Menschen auf der ganzen Welt katastrophal.

Gleichzeitig fehlt nun gemäß RAF den sozialistisch inspirierten Befreiungskämpfen der globale Bezugspunkt. Diese Schwäche beurteilt die RAF zugleich als Stärke. Aus diesem Zurückgeworfen sein auf sich selber könne eine neue Kraft der Befreiungskämpfe entstehen, indem die Befreiungskämpfe sich mehr auf ihre lokalen Ziele und Bedingungen beschränkten.

Die RAF möchte diese in der 3. Welt gemachten Erfahrungen aufgreifen und in eigener Politik umsetzen.

Die **RAF** beschäftigt sich nicht nur mit der weltgeschichtlichen und weltpolitischen Entwicklung. Sie interessiert sich insbesondere für die staatlichen und gesellschaftlichen Verhältnisse in Deutschland, was bereits in den Bekennerschreiben der Jahre 1989-1991 eine wichtige Rolle spielte:

---

[59] Edition ID-Archiv, S. 16.

> „Die Zerstörung des Sozialen unter den Menschen ist die Voraussetzung für Rassismus. Diese Zerstörung bedeutet, dass auf der Basis des kapitalistischen Systems, dem 24-Stunden-Alltag von Leistung und Konkurrenz, den Menschen eigene Kriterien geraubt und durch für den Kapitalismus funktionale Werte ersetzt wurden – am effektivsten in den Metropolen. Das zeigt sich z.B. am Verhältnis zu Arbeit und Leistung als Wertdefinition des Menschen: Ohne Arbeit bist du nichts … Es ist das Verhältnis zur Zeit, wo es für die meisten Menschen zur Normalität geworden ist, in einem vollkommen vorbestimmten Rhythmus und Stress das ganze Leben zu verbringen, in dem es keinen Platz für Kreativität und Lebenslust gibt."[60]

Die RAF stellt fest, dass die Zerstörung des Sozialen der Auslöser für Rassismus ist. Gleichzeitig bedauert sie, dass der Wert des Menschen nur durch sein Funktionieren im Kapitalismus gegeben sei.

Ohne eine wertschöpfende Arbeit i.S.d. Kapitalismus gibt es keine Bedeutung des Menschen. Menschliche Werte haben in den Rahmenbedingungen von Leistung und Konkurrenz laut RAF keinen Platz mehr.

Außerdem sieht die RAF das Leben der Menschen, die im Kapitalismus leben, als gefährdet an. 24-Stunden-Alltag, Stress und große Arbeitsbelastungen würden den Menschen die Menschlichkeit und Lebenslust rauben.

Dieses Gesellschaftsbild der RAF ist sehr düster. Die RAF sieht zudem keinerlei Grundlage, dass unter den kapitalistischen Voraussetzungen etwas Soziales unter den Menschen entstehen kann.

Eine Folge der oben beschriebenen gesellschaftlichen Entwicklung besteht laut RAF darin, dass der Staat Mittel und Wege haben muss, was er mit Menschen macht, die nicht gemäß den kapitalistischen Prinzipien funktionieren. Zu diesem Personenkreis gehören gemäß RAF natürlich auch politische und Wirtschaftsflüchtlinge, die in Deutschland Asyl suchen.

Für die nicht verwertbaren Menschen sieht der Staat die Lösung des Weg- und Einsperrens vor.

Die **RAF** unterstellt dabei:

> „Der Weiterstädter Knast steht exemplarisch dafür, wie der Staat mit dem aufbrechenden und sich zuspitzenden Widersprüchen umgeht: gegen immer mehr Menschen Knast, Knast, Knast – und er steht als Abschiebeknast für die rassistische staatliche Flüchtlingspolitik. In seiner

---

[60] Edition ID-Archiv, S. 210.

technologischen Perfektion von Isolation und Differenzierung von gefangenen Menschen ist er Modell für Europa."[61]

Der Staat geht also laut RAF mit den gesellschaftlichen Zuständen auf eine sehr brutale und einseitige Weise vor. Diese Zustände erfordern eine neue Technologie der Gefängnisse, welche der Notwendigkeit des Wegsperrens gerecht werden, aber auch die Möglichkeit einer Wiederverwertbarkeit der Menschen im kapitalistischen System beinhalten.

Die RAF vertieft ihre Staats- und Gesellschaftsanalyse, indem sie den Umgang des Staats mit dem linksradikalen Widerstand untersucht. Daran möchte die RAF eine gesellschaftspolitische Gesamtentwicklung deutlich machen.

Zugleich ist die **RAF** der Meinung, dass durch den Umgang des Staates mit dem Linksradikalismus ein neuer Umgang mit der Demokratie und Menschenrechten offenbar werden würde:

> „Die gesamte Entwicklung der letzten Jahre sowie der Staatsterror vom 27.3.93 [Die Ereignisse in Bad Kleinen, Ch.K.] im besonderen werden sicher immer mehr Menschen die Augen darüber öffnen, was in diesem Land, das in der tiefsten Krise des zusammenbrechenden kapitalistischen Systems zur Weltmacht strebt und darin immer mehr um sich schlägt, Menschenrechte bedeuten. Da, wo Menschenrechte den staatlichen Konzepten im Wege stehen, bedeuten sie nichts – genausowenig wie dort, wo sie wirtschaftlichen Interessen im Wege stehen. Der Kapitalismus geht immer über Leichen."[62]

Die RAF stellt einerseits eine tiefe Krise des zusammenbrechenden kapitalistischen Systems fest, behauptet aber im selben Atemzug, dass Deutschland nach der Weltmacht streben würde.

Im Umgang mit Menschenrechten unterstellt sie dem deutschen Staat, dass die Menschenrechte, wenn diese den staatlichen bzw. wirtschaftlichen Zielen entgegenstehen, nichts wert seien.

Dabei sind Menschenrechte – dies sei an dieser Stelle ausdrücklich wiederholt – ein unveräußerlicher Teil der Demokratie in Deutschland. Sie stehen im Grundgesetz unter besonderem Schutz und dürfen nicht geändert werden. Die Einhaltung der Menschenrechte bestimmt geradezu das deutsche Demokratieverständnis nach 1945.

Insbesondere der erste und wichtigste Artikel des Grundgesetzes sagt vor dem Hintergrund der schrecklichen historischen Erfahrungen des

---

[61] Edition ID-Archiv, S. 215.
[62] Edition ID-Archiv, S. 219.

Nationalsozialismus in unmissverständlicher Deutlichkeit: „Die Würde des Menschen ist unantastbar." Dieses Grundrecht gilt universell.

Die RAF hingegen unterstellt dem deutschen Staat, die Menschenrechte im eigenen Land mit Füßen zu treten und darüber hinaus auch weltpolitisch über Leichen zu gehen.

Dass der RAF-Terrorist Grams in Bad Kleinen ums Leben kam, ist unbestritten. Dabei hat es sich um eine Eskalation zwischen der RAF und der Staatsmacht gehandelt – mit Toten auf beiden Seiten. Zudem sprechen nach eingehender Untersuchung zahlreiche Indizien dafür, dass Grams schwer verletzt auf den Gleisen die Waffe gegen sich selber gerichtet hat.

### d) Ausrichtung der zukünftigen Ideologie und Strategie

Die veränderte weltpolitische Lage stellt die RAF vor ernsthafte Probleme. Es versteht sich von selber, dass es nach dem Zusammenbruch des sozialistischen Staatensystems für die RAF schwierig ist, die zukünftige Ideologie und Strategie zu bestimmen.

Die Möglichkeiten bestanden hier in einem sturen Festhalten an den alten Konzepten bis hin zur Selbstauflösung.

Im Nachhinein kommt man nicht umhin festzuhalten, dass die RAF dieses ganze ihr zur Verfügung stehende Spektrum ausgenutzt hat: Zunächst hielt sie unbeirrt der realen weltpolitischen Ereignisse an den alten kommunistischen Binsenweisheiten fest, wechselte dann ihre ideologische und strategische Ausrichtung, um sich dann schließlich – fast neun Jahre später – aufzulösen.

Die RAF übt zumindest teilweise Selbstkritik. Sie bekennt im Rückblick offenherzig, dass sie die einmalige Chance, welche im Einschnitt des Jahres 1989 lag, nicht genutzt hat. Außerdem gesteht die **RAF** ein, dass für sie selber hier die Möglichkeit einer ideologischen und strategischen Neubestimmung gelegen hätte, die sie nicht genutzt hat:

> „Spätestens 89 lag mit der Annexion der DDR durch die BRD auf dem Tisch, dass eine historische Phase, die mit der Oktoberrevolution ihren Anfang nahm, mit großen Schritten auf ihr Ende zuging. Doch wir haben es nicht geschafft, eine Diskussion in Gang zu setzen, die sich damit konfrontiert und gleichzeitig aus der Geschichte der Kämpfe – den Stärken und Schwächen – neue Bestimmungen entwickelt."[63]

---

[63] Edition ID-Archiv, S. 67.

Es scheint, dass sich die RAF mangelnde Kommunikation mit anderen Linksradikalen vorwirft. In der Nachschau hätte die Möglichkeit des Jahres 1989 darin gelegen, die eigene Geschichte zu analysieren, um dann Stärken und Schwächen benennen zu können. Aus dieser Analyse hätte man – so das Fazit der RAF – neue ideologische und strategische Bestimmungen ableiten können, welche eine erfolgreiche Zukunft ermöglicht hätten.

An anderer Stelle behauptet die **RAF** das Gegenteil, nämlich, dass sie doch seit 1989 angefangen habe, sich über eine neue Ausrichtung ihrer Politik Gedanken zu machen:

> „Wir, die RAF, haben seit 89 angefangen, verstärkt darüber nachzudenken und zu reden, dass es für uns alle, die in der BRD eine Geschichte im Widerstand haben, nicht mehr so weitergehen kann wie bisher. Wir haben überlegt, dass es darum geht, neue Bestimmungen für eine Politik herauszufinden, die tatsächliche Veränderungen für das Leben der Menschen heute durchsetzen kann und die längerfristig den Herrschenden die Bestimmung über die Lebensrealität ganz entreißt. Dafür ist es notwendig, sich die eigene bzw. gemeinsame Geschichte aller im Widerstand anzusehen, darüber nachzudenken, was wir falsch gemacht haben und welche Bedeutung es für die Zukunft besitzt."[64]

Das Eingeständnis der RAF und der Linken lautet offensichtlich, dass nach 1989 neue Wege gesucht werden mussten. Darin lag das Bekenntnis, dass die bisherige Politik der RAF zu wenige konkrete Veränderungen für das Leben der Menschen bedeutete. Das Töten von Eliten und Bombenanschläge gegen Gebäude verbessern eben nicht das Leben der Menschen, sondern bringen nur Tod, Trauer und Zerstörung hervor, ohne dass irgendjemandem geholfen wird.

Die langfristige strategische Ausrichtung der RAF sollte darin bestehen, dass den Herrschenden nachhaltig die Bestimmung über die Lebensbedingungen der Menschen entrissen werden sollte. Über die ideologische Grundlage dieser Bemühungen wird von der RAF aber keinerlei Aussage getroffen.

Es versteht sich beinahe von selber, dass die neue Politik der RAF nicht auf der Grundlage der freiheitlich-demokratischen Grundordnung von statten gehen kann. Zur Neuorientierung wird dennoch erneut eine kritische Überarbeitung der eigenen Standpunkte angemahnt.

Die **RAF** wird an anderer Stelle konkreter, was sie unter dem oben Beschriebenen meint:

---

[64] Edition ID-Archiv, S. 16.

„Ein Aneignungsprozess von unten wird in konkreten Kämpfen und konkreten Forderungen laufen, in denen wir den Herrschenden abringen, was Menschen zum Leben brauchen. Das wird zum Beispiel vom Kampf um Lebens- und Wohnraum, gegen zerstörerische und sinnentleerte Arbeit, gegen Umweltvernichtung, den Gefangenenkämpfen, der Organisierung von Schutz für Flüchtlinge und antifaschistische Mobilisierung bis zu der Forderung nach Schuldenstreichung oder Reparationszahlungen der imperialistischen Staaten an die kolonisierten Völker reichen."[65]

Die RAF sieht also ihre ideologische und strategische Position nicht mehr als Speerspitze einer revolutionären Bewegung in Deutschland und Westeuropa. Vielmehr möchte sie – diese Anliegen erinnern an diejenigen von linksorientierten Sozialarbeitern oder Pfarrern – sich beim Kampf um besetzte Häuser engagieren, den Schutz der Flüchtlinge organisieren und im Umweltschutz (!) tätig werden. Es fragt sich, ob die RAF ihren Platz in Bürgerinitiativen, sozialen Bündnissen, sozial engagierten Verbänden und in den Kirchen sucht.

International spannt die RAF den Bogen weiter, indem sie sich dann für die Schuldenstreichung in der 3. Welt oder der Forderung nach Reparationszahlungen an ehemalige Kolonien einsetzt.

Als Ausgangspunkt der neuen Politik dient der RAF das Selbstbewusstsein, vom Staat und der Polizei militärisch nicht bezwungen worden zu sein und somit gegenüber dem Staat und seinen Ordnungsorganen ein militärisches Unentschieden abgetrotzt zu haben.

Diese Behauptung der RAF speist sich aus dem Wissen, dass Polizei, Staatsschutz und andere Stellen zur Terrorismusbekämpfung es nie geschafft haben, die **RAF** zu zerschlagen:

„Dieser Staat hat 22 Jahre versucht, die RAF und die Gefangenen aus der RAF und aus den Widerstandskämpfen mit allen Mitteln auszulöschen. Damit sind sie gescheitert. Und das ist unsere Ausgangsposition, mit der wir in die neue Phase gehen."[66]

Ein wesentlicher Bestandteil der Neuausrichtung der **RAF** ist vor dem Gesichtspunkt der so genannten politischen Gefangenen zu sehen. Die **RAF** möchte mitbestimmen, was mit ihnen passiert und ob sie Aussichten auf eine baldige Freilassung haben:

„Dieser Prozess von Diskussionen und Aufbau einer Gegenmacht von unten schließt für uns als einen ganz wesentlichen Bestandteil den Kampf für die Freiheit der politischen Gefangenen mit ein. Aus 20 Jahre

---

[65] Edition ID-Archiv, S. 65 f.
[66] Edition ID-Archiv, S. 69.

Ausnahmezustand gegen die Gefangenen, Folter und Vernichtung, geht es jetzt darum, ihr Recht auf Leben durchzusetzen – ihre Freiheit zu erkämpfen!"[67]

Der Aufbau einer Gegenmacht von unten soll also v.a. vor dem Hintergrund geschehen, dass die Gefangenenfrage gelöst wird. Ein erster Schritt zur Lösung der Gefangenenfrage bestand aus der Sicht der **RAF** in ihrem ansonsten vorbehaltlosen Angebot, die bewaffneten Angriffe gegen Personen zurückzunehmen:

> „Der Staat hat die Rücknahme der Eskalation von unserer Seite aus sowie unsere veröffentlichte Selbstkritik als Zeichen der Schwäche genommen. Sie haben die Situation für die politischen Gefangenen nur weiter verschärft sowie eine neue Prozesswelle gegen unsere gefangenen GenossInnen begonnen. [...] Dieses System muss überwunden werden – darin werden wir unseren Weg finden, wie wir es in den Erklärungen seit dem 10.4.92 gesagt haben. Allerdings ist die Ausgangssituation eine neue: Wolfgang ist hingerichtet worden. Die Herrschenden wollen die Lähmung von allen auf unserer Seite. WIR RUFEN ALLE MENSCHEN, DIE DIESER TERROR BETROFFEN GEMACHT HAT, DAZU AUF: GEHT NICHT ZUR TAGESORDNUNG ÜBER! NEHMT DAS NICHT HIN!"[68]

Allerdings hat der Staat – so die Einsicht der RAF - das Waffenstillstands-Angebot der RAF ausgeschlagen und als Zeichen der Schwäche interpretiert. Statt Verbesserungen zu erreichen, habe der Staat die Haftbedingungen nur verschärft. Hinzu kam der Tod von RAF-Mitglied Grams.

Durch den Tod von Grams sollte eine Lähmung des Widerstandes hervorgerufen werden. Die RAF hält aber am Ziel der Überwindung des Systems durch den Aufbau einer Gegenmacht von unten fest. Wie dies genau vor sich gehen soll, darüber schweigt sie sich einmal mehr aus.

Schließlich wettert die RAF gegen die politischen Gefangenen und hier v.a. die Hardliner. Diese hätten ihnen zumindest indirekt die Strategie mit dem Ziel der Freilassung vorgeschrieben. Demnach wollten die Hardliner die Einstellung der bewaffneten Politik – mit ungewissem Ausgang.

Der Ansatzpunkt der **RAF** hingegen habe vorgesehen die bewaffnete Politik einzustellen, aber bei Bedarf dazu zurückzukehren:

> „Zur Vorstellung einiger von euch [gemeint sind v.a. die Hardliner, Ch.K.] gehörte auch, dass wir eine Erklärung abgeben: dass die RAF den bewaffneten Kampf einstellt. Damals hieß es: Ansonsten ist jeder Ge-

---

[67] Edition ID-Archiv, S. 18.
[68] Edition ID-Archiv, S. 219.

danke an die Freiheit der Gefangenen Illusion. Wir sollten uns zurückziehen, dazu würde der Staat ‚Danke' sagen und sonst nichts – was dann komme, wisse niemand. Das war allerdings nie unsere Vorstellung, weil wir davon ausgegangen sind, dass wir nur in einem Kampfprozess neue Ausgangsbedingungen durchsetzen können, was auch heißt, in einer Zeit bewaffnet zu intervenieren, in der die strategische Vorstellung noch nicht erarbeitet ist, wenn es die Entwicklung von uns verlangt."[69]

Damit gibt die RAF zu, dass für sie eine Strategie ohne bewaffnete Politik generell denkbar ist, die bewaffnete Intervention aber immer noch als Königsweg offen steht. Dies ist genau der Punkt, der ihnen von den Hardlinern vorgeworfen wurde: Der Einsatz des bewaffneten Kampfes als punktuelle Intervention ohne strategisch-ideologische Gesamteinbettung.

### e) Bewertung Gefangenenfrage/Kinkel-Initiative

Viele Aussagen über die Gefangenenfrage und die Kinkel-Initiative wiederholen Standpunkte, welche die RAF zu anderen Themen dargelegt hatte. Deutlich wird aber, dass die RAF der Gefangenenfrage eine zentrale Bedeutung einräumt. Insofern ist die Einschätzung mancher Geheimdienstkreise, dass die 3. RAF-Generation eine Bewegung zur Befreiung von Gefangenen sei, weder von der Hand zu weisen noch unschlüssig.

Der Ausgangspunkt der RAF ist – diesen Standpunkt wiederholt sie gebetsmühlenartig - nach wie vor das Bewusstsein, dass der Staat in über zwei Jahrzehnten nicht in der Lage war, die RAF mit militärisch-polizeilichen Mitteln zu besiegen.

Daraus folgt die **RAF**:

„Justizminister Kinkel hat mit seiner Ankündigung im Januar, einige haftunfähige Gefangene und einige von denen, die am längsten im Knast sind, freizulassen, das erste Mal von staatlicher Seite offen gemacht, dass es Fraktionen im Apparat gibt, die begriffen haben, dass sie Widerstand und gesellschaftliche Widersprüche nicht mit polizeilich-militärischen Mitteln in den Griff kriegen."[70]

Insofern bewertet die RAF die Kinkel-Initiative als Niederlage und Schwäche des Staates.

---

[69] Edition ID-Archiv, S. 281.
[70] Edition ID-Archiv, S. 18.

Sie besteht auf der vorgefassten Meinung, dass der Staat gegen den Widerstand der RAF militärisch nicht durchgekommen ist. Den Umkehrschluss, dass die Kinkel-Initiative der Versuch sein könnte, das Problem der RAF endgültig zu beseitigen, wird nicht gezogen. Die RAF unterstellt der Kinkel-Initiative und deren Urhebern in der Koordinierungsgruppe Terrorismusbekämpfung keine plötzliche Sympathie für die Ziele und Anliegen der RAF.

Gleichwohl vermutet die RAF, dass der Staat sich auf die **RAF** und die politischen Gefangenen zubewegt, um weiter gehenden Schaden für den Staat und seine Funktionsträger zu vermeiden:

> „Natürlich haben wir weder Kinkel noch der ‚Koordinierungsgruppe Terrorismusbekämpfung' die Wandlung zu menschlichen Motiven unterstellt […] Allerdings denken wir, dass noch viel mehr Menschen als uns bewusst geworden sein muss, dass in der ganzen Situation eine politische Brisanz steckt, die wir für unsere Seite zur Wirkung bringen können. Es reicht nicht aus, sich gegenseitig darüber zu verständigen, dass sich die Ziele des Staatsschutzes natürlich nie mit unseren decken. Es ist enorm wichtig, zu sehen, dass der Staat an einem Punkt der Auseinandersetzung begriffen hat, dass er sich bewegen muss, an dem er jahrzehntelang ausschließlich auf Vernichtung gesetzt hat. In der Konfrontation zwischen Gefangenen aus der Guerilla/Widerstandskämpfern und dem Staat hat er nie auf Integration gesetzt, weil sowohl in dieser wie auch in der Konfrontation Guerilla – Staat der Antagonismus der Ausgangspunkt ist."[71]

Der Staat hat seine Einstellung aus Sicht der RAF geändert. Hatte er bisher auf Vernichtung des bewaffneten Widerstands gesetzt, so versucht er nun neue Wege wie den der Integration zu gehen. Dabei übersieht die RAF wohl, dass der von ihr selber festgestellte Antagonismus von Staat und RAF nicht mit einem Schlag aufgehoben sein kann.

In einem weiteren Schritt fabuliert die **RAF** davon, dass die Kinkel-Initiative mit einem normalen politischen Aushandlungsprozess zu vergleichen sei und erhebt sich damit in den Status einer anerkannten politischen Kraft:

> „Wir haben gesagt, dass es für uns ein wesentlicher Bestandteil in dem jetzt notwendigen Aufbauprozess ist, die Freiheit unserer gefangenen GenossInnen zu erkämpfen. Wenn wir jetzt davon reden, dass eine politische Lösung in der Auseinandersetzung für ihre Freiheit durchgesetzt werden kann, ist dies ein Ergebnis von jahrelangen Kämpfen. Die Freiheit aller politischen Gefangenen in einem absehbaren Zeitraum kann nur in einem Kampfprozess durchgesetzt werden. Wir wollen eine reale Lebensperspektive für unsere gefangenen GenossInnen und für die Ge-

---

[71] Edition ID-Archiv, S. 149.

fangenen aus allen Befreiungskämpfen; wir wollen sie für alle und mit allen, die eine menschliche Lebensbestimmung für sich und alle Unterdrückten und Entrechteten überall auf dieser Welt erkämpfen wollen."[72]

Nur durch die jahrelangen Kämpfe der RAF – so die Kernaussage des Zitats – sei der Staat an den „politischen" Verhandlungstisch mit der RAF gezwungen worden. Das Anliegen der RAF ist die verbindliche Herstellung einer menschlichen Lebensperspektive für die politischen Gefangenen und aller, die für Befreiung kämpfen. Was die RAF unter einer menschlichen Lebensperspektive versteht, bleibt einmal mehr im Dunkeln.

Natürlich ist es der RAF auf der anderen Seite nicht möglich einzugestehen, dass ihr Dasein maßgeblich von der Gefangenenfrage abhängt. Dies widerspricht zwar zahlreichen obigen Aussagen, käme aber sogar aus dem Selbstverständnis der RAF heraus einer politischen Bankrotterklärung gleich.

So behauptet die **RAF** ihre Entscheidung zur Einstellung der bewaffneten Politik sei völlig unabhängig von der Situation der politischen Gefangenen und der Kinkel-Initiative gewesen:

> „Die Zäsur, die wir im April 92 einleiteten, war unabhängig von der Situation der politischen Gefangenen notwendig, und so auch von uns bestimmt. Wir hätten die Eskalation in der Konfrontation mit dem Staat auch dann zurückgenommen, wenn es keine politischen Gefangenen, geschweige denn Kinkel- oder sonstige KGT-Initiativen gegeben hätte."[73]

Wie so häufig widerspricht die RAF auch in diesem Punkt ihren eigenen Aussagen. Sie scheint sich nach allen Seiten rechtfertigen zu wollen, um ihr Gesicht wahren zu können.

Allerdings lassen sich dann - wie gesehen - offensichtliche und eklatante Widersprüche nicht vermeiden. So wurde die 3. Generation der RAF zu ihrem eigenen Totengräber, da sie auch innerhalb ihres engsten Umfelds an Glaubwürdigkeit und Unterstützung verlor.

Nachdem bisher die Kinkel-Initiative auf der Habenseite der aktiven RAF verbucht worden ist, ändert sich die Einschätzung aufgrund der realen Ereignisse schlagartig. Dies beruht dann v.a. auf der Beobachtung, dass der Staat neue Prozesse gegen politische Gefangene eingeleitet hat und damit die Aussicht auf eine vorzeitige Entlassung für viele politische Gefangene in weite Ferne gerückt hat. Das Ziel der

---

[72] Edition ID-Archiv, S. 69.
[73] Edition ID-Archiv, S. 346.

RAF, die Freiheit für die politischen Gefangenen zu erreichen, ist damit in weite Ferne gerückt.

Die **RAF** reagierte auf diesen Schritt des Staates, indem sie den Gefängnisneubau im hessischen Weiterstadt in die Luft sprengte:

> „Wir haben mit dem Kommando Katharina Hammerschmidt den Knast in Weiterstadt gesprengt und damit auf Jahre verhindert, dass dort Menschen eingesperrt werden. Wir wollen mit dieser Aktion zu dem politischen Druck beitragen, der die harte Haltung gegen unsere gefangenen GenossInnen aufbrechen und den Staat an dieser Frage zurückdrängen kann. Doch dafür, dass ihre Freiheit durchgesetzt werden kann, braucht es die unterschiedlichsten und vielfältigsten Initiativen von vielen. Im letzten Jahr hatten wir versucht, trotz der Zäsur politischen Druck von unserer Seite aus an dieser Frage über die Drohung zu halten. Das, was es dafür an Wirkung und Grenze hätte sein können, ist leider gerade von GenossInnen aus dem linksradikalen Spektrum demontiert worden."[74]

Die RAF gibt offen zu, dass das Attentat von Weiterstadt dazu dienen sollte, Druck auf den Staat in der Gefangenenfrage auszuüben.

Um allerdings politisch wirksam zu werden, fordert die RAF die Menschen auf, sie in der Gefangenenfrage zu unterstützen. Im gleichen Atemzug zeigt sie sich enttäuscht von der kritischen und distanzierten Haltung des linksradikalen Spektrums gegenüber ihren Aktionen.

### 3.4 Gesellschaftspolitische Positionen

Die Kinkel-Initiative sorgte – auch abseits von linksradikalen Positionen - gesellschaftspolitisch für Furore.

Vertreter v.a. der protestantischen Kirche dachten in den Jahren 1992 ff. laut über den Umgang des Staates mit den politischen Gefangenen nach. Dabei wurde nicht mit Kritik am Staat gespart, wenngleich dies meistens nicht so weit ging, dass von Folter oder Isolationshaft die Rede war. Menschenunwürdige Haftumstände wurden dennoch angeprangert. Der Staat wurde dazu aufgerufen, den Dialog mit der RAF und den politischen Gefangenen zu suchen.

Zahlreiche Intellektuelle riefen zum Dialog zwischen den beiden verfeindeten Parteien auf. Das politische Spektrum dieser Intelektuellen reichte vom linksliberalen über das sozialistische bis zum grünalternativen Lager. Hierbei wurde v.a. die Vernunft der beiden Parteien beschworen, eine andere Lösung als diejenige der Gewalt und des Tötens zu suchen.

---

[74] Edition ID- Archiv, S. 214.

Manche Politiker und Parteifunktionäre setzten sich z.T. mehr oder weniger offen für die politischen Gefangenen ein. Politiker der Grünen betonten zwar immer, dass sie die gewaltsame Politik der RAF auf keinen Fall guthießen, gaben aber immer gleichzeitig zu erkennen, dass sie den staatlichen Umgang mit der RAF und den politischen Gefangenen eben so wenig unterstützen.

Mitglieder der Partei des Demokratischen Sozialismus (PDS als Nachfolgepartei der Sozialistischen Einheitspartei Deutschlands in der DDR) zeigten z.T. relativ offen ihre Sympathien für die Ziele und Aktionen der RAF und die politischen Gefangenen. Dies ging sogar so weit, dass diese Politiker an Demonstrationen für die Freilassung der politischen Gefangenen teilnahmen.

Schließlich sei noch auf die Aussage des damals bekannten Fußball-Bundesliga-Trainers des Sportclubs Freiburg verwiesen. Volker Finke sagte sinngemäß, dass er die Anliegen und Ziele der RAF nachvollziehen könne. Diese Aussage (des ehemaligen Studienrats) sorgte erstaunlicher Weise nicht für einen Aufschrei der Empörung und stieß nicht nur auf Unverständnis. Finke musste folglich nicht seinen Trainerstuhl räumen.

Die RAF besaß also in den Jahren 1992 bis 1994, dies sollten die wenigen Beispiele zeigen, eine gesellschaftspolitische Relevanz, die über die übliche Konfrontationslinie Staat und RAF hinausging.

## 4. Die RAF in den Jahren 1994 bis 1998

Die in diesem Band diskutierten Ereignisse der Jahre 1992 bis 1994 zeigten deutlich das Ende der RAF an. Der RAF gelang es ja nicht einmal innerhalb ihres engsten Umfelds für Einheit zu sorgen.

Im Gegenteil, das Umfeld der RAF war zerstritten wie nie zuvor. Die Lager der Hardliner, Reformer und RAF zerfleischten sich gegenseitig. Der Staat konnte in aller Ruhe dabei zusehen, wie sich die RAF und die politischen Gefangenen in einem mörderischen Zustand der Selbstzerstörung befanden.

Die RAF hatte immer einen Wandel ihrer Ideologie und Strategie angekündigt, der darin bestehen sollte, eine breit angelegte Gegenmacht von unten aufzubauen. Durch diese Gegenmacht von unten sollten die Überwindung des Systems und ein menschenwürdiges Leben ermöglicht werden. Es wurde hier aber deutlich gezeigt, dass die RAF auch zu diesem Zeitpunkt nicht in der Lage war, die von ihr verwendeten Phrasen inhaltlich zu füllen.

Dennoch löste sich die RAF nicht sofort nach den Ereignissen der Jahre 1992 bis 1994 auf. Es dauerte noch vier Jahre, bis die RAF offiziell ihr eigenes Ende verkündete. Allerdings trat die RAF in diesen vier Jahren nicht mehr aktiv in Erscheinung. Es geschahen keine Attentate, Bombenanschläge oder andere für Aufsehen sorgende Aktionen. Die RAF hatte sich tatsächlich endgültig aus der bewaffneten Politik zurückgezogen.

1996 meldete sich die RAF mehrfach publizistisch zu Wort. Sie gab eine Erklärung heraus und schrieb zwei Leserbriefe. Zwei Jahre später veröffentlichte die RAF ihre Auflösungserklärung.

### 4.1 Erklärungen und Leserbriefe 1996

Die RAF-Erklärung vom 29. November 1996 beschäftigt sich mit verschiedenen Themen, ohne einen roten Faden zu besitzen. Im Unterschied zu vielen früheren Erklärungen fällt aber der lesefreundliche und vergleichsweise lockere Stil auf. Dies hängt vermutlich damit zusammen, dass zahlreiche praktische Fragen der aktuellen und konkreten RAF-Probleme angesprochen und keine theoretischen und strategisch-taktischen Überlegungen angestellt werden.

Zunächst einmal dient die RAF-Erklärung dem Aufruf an die ehemaligen Kampfgenossen, keine Aussagen über die Illegalität zu machen.

Die RAF hat wohl bemerkt, dass zahlreiche Personen des linksradikalen Spektrums mit der Polizei zusammenarbeiten.

Die Zusammenarbeit von Linksradikalen und Polizei geschieht v.a. vor dem Hintergrund, für den Einzelnen Strafreduzierung oder Straffreiheit auszuhandeln. Im Gegenzug möchte die Polizei möglichst umfassende Aussagen über die Illegalität, die linksradikale Szene und Straftaten.

Immer wieder bläut die **RAF** ihren einstigen Kampfgenossen beinahe gebetsmühlenartig ein:

> „Es bleibt für alle Zeiten dabei – Zerfallsprozesse hin oder her: Keine Aussagen über bestehende illegale (oder legale) Strukturen! Keine Aussagen über geheime Exil-Orte und Strukturen! Es wird immer wieder GenossInnen geben, die davon Gebrauch machen und darauf angewiesen sind, dass die Bullen nicht alles darüber wissen, wie linke Strukturen so etwas organisieren könnten. Keine (scheinbar heute harmlosen) Infos über die Illegalität und wie diese zu organisieren möglich ist! Weder in Form von Aussagen noch von entpolitisiertem Gelaber in Medien, ‚Anekdoten aus früheren Zeiten' in Büchern oder am Tresen, oder egal in welcher Form der Selbstdarstellung!"[75]

Die vielen Ausrufezeichen signalisieren die Panik der RAF. Sie möchte Schaden von sich abwenden und eine mögliche Verhaftung durch über sie verbreitete Informationen vermeiden. Zudem sieht sie die Motive der Aussagenden im Bereich der Selbstdarstellung.

Allerdings gibt die RAF eine andere Begründung für das Schweigen an, denn sie möchte revolutionären Widerstand in der Zukunft ermöglichen.

Die RAF unterstellt dem Staat, nach wie vor nicht viel über sie zu wissen. Dies ist umso erstaunlicher als mit den Ereignissen in Bad Kleinen davon auszugehen ist, dass die Polizei neue Erkenntnisse über die RAF besitzt.

Mit der Unwissenheit kombiniere sich die Boshaftigkeit des Staats, gezielt Lügen über die **RAF** zu verbreiten:

> „Die Wirklichkeit hatte mit den Staatsschutzbehauptungen nichts zu tun. Sie konstruieren eine künstliche Wirklichkeit in der bewussten Täuschung der Öffentlichkeit."[76]

Zudem behauptet die RAF, dass die Staatsschutzbehörden die Öffentlichkeit gezielt belügen.

---

[75] ID-Archiv (Hrsg.), Rote Armee Fraktion S. 502.
[76] ID-Archiv (Hrsg.), Rote Armee Fraktion S. 502.

Trotz aller Fahndungserfolge und Aussagen von Aussteigern und Spitzeln wisse der Staat wenig über die **RAF**:

> „Sie wissen nicht viel über uns. Sie haben noch nie wirklich durchgeblickt, wie unsere Strukturen aussehen oder wer in der RAF organisiert ist. [...] BKA-Fahndungsplakate sind keine ‚Mitgliedslisten' der RAF. Selbst die Tatsache, dass der VS-Spitzel [Spitzel des Verfassungsschutzes, Ch.K.] Steinmetz sich mit welchen von uns treffen konnte, hat sie nicht dazu befähigt, uns zu zerschlagen."[77]

Offensichtlich amüsiert die RAF, dass die Staatsschutzbehörden jahrelang und gerade nach Bad Kleinen und dem Verfassungsschutz-Spitzel Steinmetz nicht wissen, wer zur 3. Generation der RAF gehört.

Tatsächlich weisen die Polizei-Fahndungsplakate Personen als RAF-Mitglieder aus, obwohl sie dies nachweislich nie waren. Bis heute hält sich das Wissen um die Mitglieder der Kommandoebene der 3. Generation in Grenzen.

Dass die Sprengung des Gefängnisses von Weiterstadt ein voller populistischer Erfolg war, daran besteht für die RAF kein Zweifel. Deshalb liegt es für die **RAF** im Interesse des Staats, die RAF-Aktion als geheimdienstgesteuert auszugeben:

> „Die Aktionen (sic!) wurde von außergewöhnlich vielen Leuten gut gefunden. Auch über die Linke hinaus wurde dieser militanten Aktion mit Sympathie begegnet. Sie wurde von vielen als sinnvoll erachtet [...] Deswegen möchten die Geheimdienste genau diese Aktionen denunzieren. Wer würde es nicht als Dreck empfinden, wenn so eine Aktion, die als Ablehnung herrschender Gewaltverhältnisse und bewusste Auflehnung gegen die herrschende Ordnung daherkam, in Wirklichkeit eine Geheimdienstoperation gewesen wäre. Gerade in der historischen Situation, in der die Linke sich überlegen kann und muss, was sie in Zukunft zu tun gedenkt, soll der bewaffnete Kampf der vergangenen Jahrzehnte als diffuse und nebulöse Inszenierung unter Beihilfe der Geheimdienste denunziert werden."[78]

Insgesamt sei es das Ziel der Staatsschutzbehörden, den gesamten bewaffneten Widerstand als von Geheimdiensten unterwandert darzustellen, um diesen zu diskreditieren und damit die Möglichkeit des bewaffneten Kampfs für die Zukunft nicht mehr in Frage kommt.

Auf das Bombenattentat im hessischen Weiterstadt bezogen wird die **RAF** dann noch konkreter, was sie meint:

> „Sie [die Staatsschützer, Ch.K.] behaupten, dass Legale den Sprengstoff in einem Motorradkoffer mit einem Motorrad für uns transportiert hät-

---

[77] ID-Archiv (Hrsg.), Rote Armee Fraktion S. 502.
[78] ID-Archiv (Hrsg.), Rote Armee Fraktion S. 502 f.

ten. Das ist so unwahr wie unrealistisch. Die Tatsache, dass unser Kommando gut 1 t Sprengstoff in Weiterstadt benutzte [...] zeigt aber, wie absurd die Geschichte ist. Natürlich weiß der Staat, dass die von ihnen angegebene wesentlich geringere Menge Quatsch ist. Aber selbst um diese zu transportieren, würde uns was Besseres einfallen als ‚Szene'-Motorräder zu benutzen. Dieser Unsinn, den BAW [Bundesanwaltschaft, Ch.K.] und BKA [Bundeskriminalamt, Ch.K.] behaupten, soll die Verfolgung einer Genossin wegen der angeblichen Beteiligung in Weiterstadt ermöglichen."[79]

Das Ziel der RAF besteht darin, die Staatsschutzbehörden als Lügner und der Rechtsbeugung zu bezichtigen. Die Staatsschützer geben folglich gemäß RAF nicht nur bewusst eine falsche Menge an eingesetztem Sprengstoff an. Sie tun dies darüber hinaus mit dem Ziel eine Frau rechtswidrig mit einem Attentat in Verbindung zu bringen, mit dem diese – zumindest in der behaupteten Form - nichts zu tun hat.

Eindringlich warnt die **RAF** ihre Kampfgenossen vor dem Irrglauben, der Staat würde die strafrechtliche Verfolgung der linksradikalen Kreise unterlassen, da diese am Boden zerstört seien:

„Wir halten die Verwunderung darüber, dass der Staat trotz der Schwäche der Linken weiterhin mit Härte gegen sie vorgeht, für unverständlich. Im Gegenteil tritt er gerade deswegen noch einmal nach. Vor allem in der historischen Situation, in der die Linke sich wandeln wird und eine neue systemoppositionelle Kraft entstehen kann, setzt der Staat umso mehr auf repressive Abschreckung. Niemand soll sich jemals mehr trauen, die Regeln des Systems bewusst und konsequent zu durchbrechen."[80]

Der Staat verfolge die Linke mit brutaler Härte um, linksradikale Opposition in der Zukunft im Keim zu ersticken.

Offensichtlich besitzt aber die RAF nach wie vor den Glauben an die Wandlung der Linken und die Entstehung einer oppositionellen Kraft – trotz aller Unterdrückungsversuche des Staats.

Was für die RAF und die Linksradikalen gilt, zeigt sich laut **RAF** auch gesamtgesellschaftlich:

„Die Militarisierung im Inneren ist ihre politische Antwort auf die gesellschaftlichen Verhältnisse und die Entwicklung, die abzusehen ist. Die Vervielfachung des Polizeiapparats und die Legalisierung geheimdienstlicher und polizeilicher Maßnahmen gegen immer größere Teile der Gesellschaft, der totale Überwachungsstaat sind Begleitwerkzeuge

---

[79] ID-Archiv (Hrsg.), Rote Armee Fraktion S. 503.
[80] ID-Archiv (Hrsg.), Rote Armee Fraktion S. 504.

zum sozialen Kahlschlag, den das kapitalistische System jetzt und für die Zukunft fordert."[81]

Um den Abbau des Sozialen erst möglich zu machen, ist laut RAF eine militärisch-polizeiliche Hochrüstung erforderlich. Diese soll vor sozialen Unruhen abschrecken und ggf. auch gegen die Bevölkerung eingreifen können.

Abschließend fragt sich die **RAF**, ob und wie Widerstand in Deutschland in der Zukunft aussehen soll und welche Rolle die RAF darin spielen könnte:

„Und es ist auch ganz unabhängig von uns nicht richtig, jetzt davon auszugehen, dass es nie wieder illegale Strukturen geben muss. Die gewalttätigen Verhältnisse und die Abwehrreflexe des Staates gegen systemüberwindende Vorstellungen und emanzipatorische Politik lassen diesen Schluss jedenfalls nicht zu – auch wenn das mit der RAF nichts zu tun hat. Wenn wir auch keine Beschäftigung für die nächsten 100 Jahre darin sehen, wollen wir dazu beitragen, ein kollektives Bewusstsein über unsere Geschichte zu ermöglichen – mit dem Sinn, daraus Erkenntnisse zu gewinnen, die uns allen etwas für eine bessere, freiere, starke und emanzipative Politik für die Umwälzung der Verhältnisse in die Hand geben."[82]

Ausdrücklich schließt die RAF nicht aus, dass es in Deutschland wieder bewaffneten Widerstand und illegale Strukturen geben wird. Sie betont aber, dass das dann nichts mit ihr zu tun haben wird, da das RAF-Konzept überholt ist. Ihre eigene Rolle sieht die RAF in der Aufarbeitung ihrer eigenen Geschichte, allerdings mit dem praktischen Ziel, um daraus für die Politik der Zukunft zu lernen.

### 4.2 Die Auflösungserklärung 1998

Die RAF erklärt nach 28 Jahren des bewaffneten Kampfs im April 1998 ihre Selbstauflösung.[83]

Dabei gliedert sie die Auflösungserklärung v.a. in die folgenden Unterpunkte:

- *Ausgangssituation (für die 1. Generation)*

Die RAF – so beginnt die Auflösungserklärung – sei ab jetzt Geschichte und die in der RAF organisierten Personen seien nun ehemalige Mili-

---

[81] ID-Archiv (Hrsg.), Rote Armee Fraktion S. 504.
[82] ID-Archiv (Hrsg.), Rote Armee Fraktion S. 508 f.
[83] Vgl. zum folgenden, nicht wörtlich Zitierten: Rote Armee Fraktion, „Warum wir aufhören".

tante der RAF. Freimütig gesteht die RAF ein, dass das Ergebnis ihre revolutionären Bemühungen kritisiere.

Zusammen mit der Bewegung 2. Juni, den Roten Zellen (RZ) und der Roten Zora sei die RAF gegen die Unterdrückung in den Metropolen und der 3. Welt aufgestanden. Dabei hätten die Befreiungsbewegungen der 3. Welt als Ansporn gewirkt, die Umwälzung der kapitalistischen Verhältnisse in Angriff zu nehmen:

> „Nach Faschismus und Krieg hat die RAF etwas Neues in die Gesellschaft gebracht: das Moment des Bruchs mit dem System und das historische Aufblitzen von entschiedener Feindschaft gegen Verhältnisse, in denen Menschen strukturell unterworfen und ausgebeutet werden und die eine Gesellschaft hervorgebracht haben, in der sich die Menschen selbst gegeneinander stellen. Der Kampf im gesellschaftlichen Riss, den unsere Feindschaft markierte, griff einer wirklich gesellschaftlich werdenden Befreiung nur voraus: der Riss zwischen einem System – in dem der Profit das Subjekt, der Mensch das Objekt ist – und der Sehnsucht nach einem Leben ohne den Trug und Lug dieser sich sinnentleerenden Gesellschaft. Die Schnauze voll vom Buckeln, Funktionieren, Treten und Getreten werden. Von der Ablehnung, zum Angriff, zur Befreiung."[84]

Die RAF spricht deutlich ihre Verurteilung der kapitalistischen Verhältnisse aus. Die wesentlichen Merkmale sind für sie, dass die Menschen einander im Wetteifern um Profit und Aufstieg bekämpfen und das Menschliche auf der Strecke bleibt.

Jeder Mensch, das unterstellt die RAF, tritt nach unten und wird von oben getreten. In der kapitalistischen Gesellschaft wäre der Mensch das Objekt und der Profit das Subjekt.

- *Der Kampf der 2. Generation*

Für die RAF besteht der Ansatzpunkt der 2. Generation in der Befreiung der politischen Gefangenen.

Offensichtlich stellte die **RAF** der zweiten Generation damals radikal die Machtfrage an den deutschen Staat:

> „Es begann ein radikaler und entschiedener Versuch, gegen die Macht eine offensive Position für die revolutionäre Linke durchzusetzen. Der Staat wollte genau das verhindern. Das Explosive – die Eskalation dieser Auseinandersetzung – kam aber auch aus dem Hintergrund der deutschen Geschichte: der Kontinuität des Nazi-Nachfolgestaates, auf die die RAF mit der Offensive traf."[85]

---

[84] Rote Armee Fraktion, „Warum wir aufhören", S. 12.
[85] Rote Armee Fraktion, „Warum wir aufhören", S. 12.

Dies zeigte sich für die RAF im Entführungsopfer Schleyer sowie bei einigen Mitgliedern des Krisenstabs. Beide Male seien die Personen im 3. Reich engagiert für die nationalsozialistischen Ziele eingetreten. Zahlreiche Personen des Krisenstabs hatten als Offiziere in der Wehrmacht gedient.

Die Offensive 1977 offenbart für die RAF, dass es möglich ist, dass gesellschaftliche Teile nicht mehr in das normale System eingebunden und somit von diesem beherrschbar sind.

Problematisch beurteilt die RAF die Entführung der Lufthansa-Maschine Landshut durch ein Unterstützungskommando der Palästinenser, da sich die Aktion nun gegen normale Urlauber richtete. Damit wäre dem Kampf der RAF die sozialrevolutionäre Ebene abhanden gekommen – davon wird später noch die Rede sein. Die Niederlage der RAF im Jahre 1977 zeigte die Grenzen des Konzepts Stadtguerilla auf.

- *Frontkonzept der 80er Jahre*

Gemeinsam mit dem Konzept Stadtguerilla ging das Frontkonzept von der bewaffneten Aktion als zentralem Moment des revolutionären Prozesses aus. Neu war, dass das Frontkonzept viele Kämpfe der 80er Jahre in das Konzept des bewaffneten Widerstands zu integrieren versuchte.

Ein wesentliches gemeinsames Angriffsziel war für die RAF die Militarisierung der Politik in den Nato-Staaten, welche den Krieg gegen die UDSSR und die Befreiungsbewegungen in der 3. Welt ermöglichen sollte.

Desiderat der RAF war wie gesagt, möglichst viele Militante aus den unterschiedlichen Bereichen an ihrem Kampf zu beteiligen.

Die **RAF** kritisiert in der Rückschau, dass es ihr trotzdem nicht gelungen ist, ihren Kampf auf eine wirklich breite Basis zu stellen:

> „Der Befreiungskampf […] macht nur Sinn, wenn es eine Chance gibt, dass Kräfte in der Gesellschaft bereit sind, ihn aufzunehmen […] Aber selbst die, die solidarisch waren – und das waren nicht wenige -, haben den Kampf mit dieser Vorstellung nicht aufgenommen. Der Guerillakrieg braucht die Perspektive auf die Ausweitung auf eine neue Ebene des Kampfes."[86]

Freimütig gesteht die RAF in ihrer Auflösungserklärung ein, dass sie diese Entwicklung nie erreichen konnte.

---

[86] Rote Armee Fraktion, „Warum wir aufhören", S. 12.

Durch die Konzentration auf den bewaffneten Kampf verschenkte die **RAF** ihrer eigenen Einschätzung nach bedeutende Leistungsfähigkeit:

> „Die Vorstellung der RAF, die die bewaffnete Aktion zum Mittelpunkt des Kampfes bestimmte, unterbewertete die politischen und gegenkulturellen Prozesse außerhalb des politisch-militärischen Kampfes."[87]

Nach Einschätzung der RAF liegt hier das Problem des Frontkonzepts, welches eben gerade nicht auf Bewegungen außerhalb des politisch-militärischen Kampfes einging, sondern alles unter dem Dach des bewaffneten Kampfs vereinen wollte. Vielmehr ging die RAF der 80er Jahre davon aus, dass der sozialrevolutionäre Ansatz in ihrer Politik enthalten sei.

Dieser Standpunkt habe aber letztlich zu einer abstrakten Politik und einer Trennung von Anti-Imperialismus und sozialer Revolution geführt:

> „Die Subsumierung jedes sozialen und politischen Inhalts unter den antiimperialistischen Angriff gegen das „Gesamtsystem" produzierte falsche Trennungen statt einen Prozess der Einheit; und es führte zu einer Unidentifizierbarkeit an konkreten Fragen und Inhalten des Kampfes."[88]

In der Folge sei das Militärische unangemessen hoch bewertet worden. Die militärischen Schläge gegen die Herrschenden seien außerdem immer härter geworden.

- *Nach der Wende*

Nach der deutschen Wiedervereinigung wollte die **RAF** den Kampf aufrechterhalten, stellte aber gleichzeitig fest, dass sich die Guerilla verändern musste, um wirksam zu werden:

> „Unsere Hoffnung war eine neue Verbindung der Guerilla und anderen Orten des Widerstands in der Gesellschaft. Dafür suchten wir nach einem neuen Entwurf, in dem die Kämpfe von den Stadtteilen bis zur Guerilla würden zusammenstehen können. Es war uns wichtig, nach dem Zusammenbruch der DDR unseren Kampf in ein Verhältnis zur neuentstandenen gesellschaftlichen Situation zu bringen".[89]

Erst später entdeckte die RAF, dass die von ihr gesteckten Ziele unter dem Dach der RAF nicht möglich seien, da ihre historische Verwurzelung alleine in der alten BRD, also Westdeutschland, lag.

---

[87] Rote Armee Fraktion, „Warum wir aufhören" , S. 12.
[88] Rote Armee Fraktion, „Warum wir aufhören", S. 12.
[89] Rote Armee Fraktion, „Warum wir aufhören", S. 12.

Folgerichtig gelang es der RAF auch nicht, sich in ein neues sozialrevolutionäres und internationalistisches Konzept einzubinden:

> „Wir waren viel zu spät – auch dafür, um die RAF nach einem Prozess der Reflektion zu transformieren. […] Das Ende der RAF ist letztlich keine Folge unseres Prozesses der (Selbst-) Kritik und Reflektion, sondern es ist notwendig, weil die Konzeption der RAF nicht das enthält, woraus jetzt etwas Neues entstehen kann."[90]

Die RAF gesteht offen ein, dass ihr Kampf gescheitert ist und sie nicht in der Lage ist, etwa Neues zu entwickeln. Die Möglichkeit eines Einschnitts nach der Wende habe die RAF nicht genutzt. Die angestrebte Umorientierung auf einen sozialrevolutionären Prozess hin sei nicht gelungen.

- *Soziale Revolution*

Die **RAF** fährt fort, dass sie auf dem Weg zur Befreiung Fehler gemacht habe. Ein Problem sei der Widerspruch zwischen dem Krieg-Führen und dem Wunsch nach Befreiung gewesen:

> „Aber der Widerspruch zwischen Krieg und Befreiung ist bei uns oft verdrängt und weggeredet worden. Auch der revolutionäre Krieg produziert Entfremdungen und Autoritätsstrukturen, was Befreiung widerspricht."[91]

Als Beispiel dafür führt die RAF den Streit zwischen Hardlinern, Reformern und der RAF aus dem Jahr 1992 ff. an.

Als strategisches Hauptproblem sieht die RAF aber, dass sie neben der illegalen und bewaffneten Opposition keine politisch-sozialen Gegenstrukturen aufgebaut habe. Für dieses Defizit wurde die RAF zu Beginn der 90er Jahre heftig von anderen Terrororganisationen wie der spanischen GRAPO oder der belgischen CCC kritisiert. Der politisch-militärische Angriff alleine habe nicht die gewünschte Durchschlagskraft entwickeln können.

Insgesamt sei der politische Prozess zu schwach gewesen, um eine gesamtgesellschaftlich relevante Durchschlagskraft zu gewinnen.

Selbstkritisch bemerkt die **RAF** dazu:

> „Die RAF setzte ihre Strategie des bewaffneten Kampfes in den verschiedenen Phasen unterschiedlich um und kam dabei zu keinem Zeitpunkt in das Stadium, in dem der militante Angriff dahinkommt, wo er

---

[90] Rote Armee Fraktion, „Warum wir aufhören", S. 13.
[91] Rote Armee Fraktion, „Warum wir aufhören", S. 13.

hingehört: zur taktischen Option einer umfassenden Befreiungsstrategie."[92]

Die RAF macht deutlich, dass ihr der bewaffnete Kampf Strategie statt taktische Möglichkeit eines umfassenderen Konzepts gewesen sei.

Dieses Kernproblem habe sich dafür verantwortlich gezeichnet, dass der **RAF** eine neue Ausrichtung nach der Wende nicht mehr gelungen sei:

„Die ausbleibende politische-soziale Organisierung ist ein entscheidender Fehler gewesen."[93]

Insofern gelang es der RAF nicht, Einfluss auf die gesellschaftliche Entwicklung zu nehmen.

- *Opfer der RAF*

Vergeblich wartet man auf ein Wort der Entschuldigung der RAF – gegenüber den zahlreichen Terror-Opfern.

Vielmehr betont die **RAF** die Notwendigkeit von Opfern im revolutionären Prozess, auch wenn dies nicht leicht falle:

„Unser Kampf – die Gewalt, mit der wir uns gegen die Verhältnisse stellten – hat eine schwerwiegende Seite. Auch der Befreiungskrieg hat seine Schattenseiten. Menschen in ihrer Funktion für das System anzugreifen, ist für alle Revolutionäre auf der Welt ein Widerspruch zu ihrem Denken und Fühlen – zu ihrer Vorstellung von Befreiung. Auch wenn es im Befreiungsprozess Phasen gibt, in denen das als etwas Notwendiges gesehen wird, weil es diejenigen gibt, die die Ungerechtigkeit und die Unterdrückung wollen und die Macht, die sie oder andere haben, verteidigen. Revolutionäre sehnen sich nach einer Welt, in der niemand darüber entscheidet, wer ein Recht auf Leben und wer es nicht hat. Trotzdem hat die Aufregung über unsere Gewalt auch irrationale Züge. Denn der tatsächliche Terror besteht im Normalzustand des ökonomischen Systems."[94]

Offensichtlich ist die RAF auch bei ihrer Auflösung nicht in der Lage, sich bei ihren Opfern zu entschuldigen. Das Morden wird damit gerechtfertigt, dass die eigentliche Ungerechtigkeit von den Ermordeten in die Welt gesetzt worden sei. Ebenso würde der tägliche Terror (mit zahlreichen Todesopfern) im Wirtschaftssystem liegen.

---

[92] Rote Armee Fraktion, „Warum wir aufhören", S. 13.
[93] Rote Armee Fraktion, „Warum wir aufhören", S. 13.
[94] Rote Armee Fraktion, „Warum wir aufhören", S. 13.

- *Zukunft*

Für die Zukunft mahnt die RAF eine größere Vielfalt an. Befreiung in der Zukunft sei nur denkbar, wenn viele Subjekte, Inhalte und Ziele in den Prozess der Befreiung eingebracht würden. Dieses Ziel sei vor dem Hintergrund der RAF nicht zu leisten.

Hoffnungsfroh hält die **RAF** dennoch fest:

> „Die Freude, ein umfassendes, ein antiautoritäres und dennoch verbindlich organisiertes Projekt der Befreiung aufzubauen, liegt noch unverbraucht und vor allem noch wenig versucht vor uns."[95]

Die RAF sieht ihre Entscheidung, den bewaffneten Kampf einzustellen als unabdingbare Grundlage, um diesen Prozess in Gang zu setzen. Die Beendigung ihres Projekts käme dem Aufbruch auf der Suche nach neuen Antworten entgegen.

- *Schluss*

Die RAF beendet ihre Auflösungserklärung, indem sie der Gefallenen auf Seite der Revolution gedenkt. Außerdem schickt sie zahlreiche Grüße an ehemalige Verbündete und bedankt sich für die geleistete Unterstützung.

Der Schluss zeigt verweist in die revolutionäre Zukunft:

> „Die Revolution sagt: ich war ich bin ich werde sein."[96]

---

[95] Rote Armee Fraktion, „Warum wir aufhören", S. 13.
[96] Rote Armee Fraktion, „Warum wir aufhören", S. 13.

## 5. Schlussbemerkung

Das Fazit dieser Untersuchung mag überraschen.

Nach eingehendem Studium der umfassenden Quellen kommt man nicht umhin, das folgende Resümee zu ziehen:

Die RAF ist für ihren Zerfall und ihre Auflösung maßgeblich selber verantwortlich.

Letztlich war es nämlich der vehemente Streit zwischen den Hardlinern, Reformern und der RAF, welcher den Anfang vom Ende der RAF besiegelt hat.

Die RAF befand sich von 1992 bis 1994 in einem selbstzerstörerischen Prozess. Bei den politischen Gefangenen hatten sich einander unerbittlich gegenüberstehende Lager gebildet. Hardliner und Reformer bekriegten sich aufs äußerste – häufig auch unterhalb der Gürtellinie.

Die RAF befand sich zwischen den Positionen, bezog dann Stellung und wurde aufgerieben. Bei dem Streit scheinen nicht zuletzt persönliche Gründe vorhanden und für die Schärfe des Konfrontationsniveaus verantwortlich gewesen zu sein.

Auch in einer Gruppe wie den politischen Gefangenen und dem Zusammenhang der RAF gibt es offensichtlich menschliche Sympathien und Antipathien. Das gilt auch dann, wenn alle Genossen sind.

Natürlich ging es bei dem Richtungsstreit auch um Fragen der Meinungshoheit. Wer hatte das Sagen, wer konnte die politische Richtung vorgeben?

Die Frage des Tonangebens betraf die Rolle der RAF im Prozess des Widerstands, die Geschichte der RAF und die politische Ausrichtung in der Zukunft.

Es hat sich gezeigt, dass sich die inhaltlichen Positionen der Hardliner, Reformer und RAF nicht wesentlich unterschieden. Alle waren sich in den wesentlichen Punkten einig, wie z.B. dass die politischen Gefangenen freikommen müssten. Ebenso bestand Konsens darin, dass die Politik der RAF eine neue Orientierung bräuchte. Diese Erkenntnis bildet die eigentliche Überraschung der Untersuchung. Es herrschte ein erbitterter Streit um nicht viel. Die inhaltlichen Unterschiede zwischen den Parteien waren eher marginal.

Bei der Untersuchung der RAF-Geschichte glichen sich z.B. die Schilderungen von Hardlinern, Reformern und RAF beinahe bis aufs Wort.

Alle gingen so davon aus, dass der Aufbruch der RAF aus dem bipolaren Verhältnis des Kalten Krieges gerechtfertigt war.

Die RAF verstand sich als Teil einer weltweiten Bewegung gegen den Imperialismus und Kapitalismus. Die bewaffnete Politik des linksradikalen Widerstands war für keine der Parteien anzweifelbar.

Im Prinzip waren sich Hardliner, Reformer und RAF darin einig, dass die neue Politik der RAF auf einer breiten gesellschaftlichen Basis vor sich gehen sollte. Allerdings gelang es keiner der Parteien inhaltlich genauer auszuführen, wie diese neue Politik aussehen sollte.

Die RAF bezog von allen Seiten viel Kritik - entweder für das Fortführen oder aber das Einstellen ihrer bewaffneten Politik. Dementsprechend verschnupft zeigte sich die RAF fortan – auch in ihrer Auflösungserklärung.

Die RAF wurde hinsichtlich ihrer Zukunftsvorstellungen am konkretesten. Sie versuchte aus ihrem Kardinalfehler der Vergangenheit zu lernen. Folglich wollte sie ihrem Kampf eine sozialrevolutionäre Ebene geben.

Diese Neuausrichtung wurde dann u.a. wieder von den Hardlinern aufs Korn genommen, welche die bewaffnete Aktion nach wie vor als Krönung der revolutionären Politik verstanden.

Die RAF hingegen wollte viele Bündnisse mit gesellschaftlichen Gruppen eingehen. In der Tat lesen sich die Absichtserklärungen der RAF z.T. sozialreformerisch bis reformistisch. Es drängt sich einem der Eindruck auf, dass die RAF in kirchlichen Gruppen, Bürgerinitiativen und sozialkritischen Verbänden Fuß fassen wollte. Damit entfernte sie sich zunehmend von ihren linksradikalen Wurzeln.

Wer zu spät kommt, den bestraft das Leben, hatte der letzte Führer der Sowjetunion, Michail Gorbatschow, einmal sinngemäß gesagt.

Die RAF kam zu spät und wurde bestraft. Es gelang ihr nicht mehr, ihre Politik den weltpolitischen Änderungen anzupassen. Diese Chance wurde in den Jahren 1989 bis 1992 verpasst. Hier hielt die RAF zunächst stur an den bisher verfolgten politischen Konzepten fest.

So verlor die RAF auch innerhalb ihres engsten Unterstützerumfelds jegliche Zustimmung. Der Streit zwischen Hardlinern, Reformern und RAF gab der RAF den Todesstoß. Dem Zerfall folgte von 1994 bis 1998 der Abgesang. Dieser mündete 1998 in der längst überfälligen Auflösungserklärung.

Zum Schluss bleibt noch die Frage, welche Rolle die Geheimdienste und die Koordinierungsgruppe Terrorismus spielten? Waren sie maßgeblich am Untergang der RAF beteiligt?

Dies kann hier nicht abschließend beurteilt werden. Immerhin erfolgte die Spaltung der RAF nicht zuletzt durch ein geschicktes Gesprächsangebot des ehemaligen Geheimdienstmannes Klaus Kinkel. Die Kinkel-Initiative läutete den Anfang vom Ende der RAF ein.

**Literatur**

**Edition ID-Archiv (Hrsg.)**, ‚wir haben mehr fragen als antworten' RAF Diskussionen 1992-1994. Edition ID-Archiv. Berlin 1995

**ID-Verlag (Hrsg.)**, Rote Armee Fraktion. Texte und Materialien zur Geschichte der RAF. ID-Verlag. Berlin 1997

**Michael Müller/Andreas Kanonenberg**, Die RAF-Stasi-Connection. Rowohlt. Berlin 1992

**Rote Armee Fraktion**, Warum wir aufhören. In: Die Tageszeitung vom 22. April 1998, S. 12 f.

**Stefan Schweizer**, Rote Armee Fraktion. Ideologie und Strategie im Wandel. Eine Analyse der RAF von 1970 bis 1992. Europäischer Hochschulverlag. Bremen 2009

**Inge Viett**, Nie war ich furchtloser. Autobiographie. Edition Nautilus. Hamburg 1997

**Weitere Literatur**

**Stefan Aust**, Der Baader Meinhof Komplex. 1. Auflage der Neuausgabe 2008. Hoffmann und Campe Verlag. Hamburg 2008

**Michael Buback**, Der zweite Tod meines Vaters. Droemer Verlag. München 2008

**Birgit Hogefeld**, Ein ganz normales Verfahren ... Edition ID-Archiv. Berlin/Amsterdam 1996

**Wolfgang Landgraeber/Ekkehard Sieker/Gerhard Wisnewski**, Operation RAF. Droemersche Verlagsanstalt Th. Knaur Nachf. München 1994

**Wolfgang Kraushaar**, Verena Becker und der Verfassungsschutz. Hamburger Edition. Hamburg 2010

**Wolfgang Kraushaar (Hrsg.)**, Die RAF. Entmythologisierung einer terroristischen Organisation. Bundeszentrale für politische Bildung. Bonn 2008

**Butz Peters**, Der letzte Mythos der RAF. Ullstein Buchverlage GmbH. Berlin 2006

**Butz Peters**, Tödlicher Irrtum. Fischer Taschenbuch Verlag. Frankfurt am Main 2007

**Klaus Pflieger**, Die Rote Armee Fraktion – RAF -. Nomos Verlag. Baden-Baden 2007

**Michael Sontheimer**, „Natürlich kann geschossen werden". Deutsche Verlags-Anstalt. München 2010

**Alexanders Straßner** , Die dritte Generation der „Roten Armee Fraktion". VS Verlag für Sozialwissenschaften. Wiesbaden 2005

**Willi Winkler**, Die Geschichte der RAF. Rowohlt Taschenbuch Verlag. Reinbek bei Hamburg 2008

**Gerhard Wisnewski/ Wolfgang Landgraeber/Ekkehard Sieker**, Das RAF-Phantom. Droemersche Verlagsanstalt Th. Knaur Nachf. München 1992